Le Concept de Dieu après Auschwitz

Une voix juive

Collection dirigée par Lidia Breda

Du même auteur
chez le même éditeur

Évolution et Liberté

En collection de poche

Le Droit de mourir (n° 196)
Pour une éthique du futur (n° 235)

Hans Jonas

Le Concept de Dieu après Auschwitz

Une voix juive

Traduit de l'allemand par
Philippe Ivernel

Suivi d'un essai de
Catherine Chalier

Rivages poche
Petite Bibliothèque

Retrouvez l'ensemble des parutions
des Éditions Payot & Rivages sur

www.payot-rivages.fr

Couverture : Vallotton, *Coucher de soleil,*
1911, détail.

Titre original : *Der Gottesbegriff nach Auschwitz.*
Eine jüdische Stimme

106, bd Saint-Germain - 75006 Paris

ISBN : 2-86930-769-1
ISSN : 1158-5609

Quand avec l'honneur de ce prix* me fut aussi proposée la lourde charge du « discours solennel » et que, dans la biographie du rabbin Leopold Lucas, en souvenir duquel le prix a été fondé, je lus qu'il était mort à Theresienstadt, mais que de là son épouse Dorothée, mère du fondateur, fut expédiée ensuite à Auschwitz, où elle partagea le destin de ma propre mère, ce thème s'imposa irrésistiblement à moi. C'est avec crainte et tremblement

(*) Conférence que j'ai tenue en Allemagne lorsque j'ai reçu le prix Leopold Lucas en 1984, à l'université de Tübingen. Cette conférence fut publiée dans *Reflexionen finsterer Zeit* de Fritz Stern et Hans Jonas (Tübingen : J.C.B. Mohr 1984). Elle développait et remodelait un texte antérieur du même titre *(The Concept of God after Auschwitz* in *Out of Whirlwind*, éd. A.H. Friedlander, New York : Union of American Hebrew Congregations, 1968, pp. 465-476), lequel intégrait à son tour des morceaux de ma conférence "Ingersoll" en 1961, « Immortality and the Modern Temper » (voir note n° 2). L'utilisation verbale partielle de ces matériaux publiés auparavant a été autorisée. (Note de H. Jonas à l'édition anglaise.)

que j'en fis le choix. Mais j'ai cru devoir ne pas refuser à ces ombres quelque chose comme une réponse à leur cri, depuis longtemps expiré, vers un Dieu muet.

Ce que j'ai à offrir, c'est un morceau de théologie franchement spéculative. Je laisserai ouverte la question de savoir si ce genre convient au philosophe. Emmanuel Kant proscrivit tout ce qui peut y ressembler du ressort de la raison théorique, et donc de la philosophie ; et le positivisme logique de notre siècle, l'analytique dominante prise dans son ensemble, a même dénié aux formules langagières, dont on use dans ce domaine pour les matières qu'on est censé y traiter, toute signification objective de ce type, donc tout sens conceptuel – déclarant déjà purement absurde, ainsi, le simple fait d'en parler (pour ne rien dire du problème de la vérité et de la vérification). Cela, pour le coup, aurait étonné au plus haut point le vieux Kant. Car ces prétendus non-objets, il les tenait au contraire pour les objets les plus éminents qui soient, la raison étant hors d'état de s'en détourner, bien qu'elle ne puisse espérer les connaître d'aucune façon, et soit donc condamnée, quand elle les poursuit, à un inévitable échec dû aux bornes inamovibles de la connaissance humaine. Cela néanmoins laisse ouverte, à côté du renoncement complet, une autre voie encore. Car s'accommoder de l'échec dans l'ordre du savoir ou, qui plus est, renoncer d'emblée à pareil but, n'empêche pas de réfléchir à de telles choses sous l'angle du sens et de la signification. En effet, prétendre qu'il n'existe en la matière ni sens ni signification reste facile à récuser comme un cercle vicieux, tautologique, vu que le sens s'y définit au préalable comme ce qui se laisse vérifier, au bout du compte, par des données sensibles, le domaine du sens étant donc assimilé au « connaissable ». Ce coup de force *per definitionem* ne lie que ceux qui l'approuvent. Travailler sur le *concept* de Dieu est donc possible, même s'il n'y a pas de *preuve* de Dieu ; et ce genre de travail est philosophique, pourvu qu'il s'en tienne à la rigueur du concept, c'est-à-dire aussi à la solidarité de celui-ci avec la totalité des concepts.

Mais cela est naturellement beaucoup trop général, beaucoup trop impersonnel. De même que Kant a concédé à la raison pratique ce qu'il refusait à la théorique, de même sommes-nous en droit, pour notre part, de laisser la violence d'une expérience unique et monstrueuse intervenir dans les interrogations sur ce qu'il en est de Dieu. Et là surgit aussitôt la question : qu'est-ce que Auschwitz a donc ajouté à ce qu'on a toujours pu savoir de la terrible, de l'horrible quantité de méfaits que des humains sont capables de commettre et ont depuis toujours commis envers d'autres humains ? Et qu'a-t-il ajouté, en particulier, à ce que nous connaissons, nous les juifs, de par l'histoire d'une souffrance millénaire, et qui constitue une part essentielle de notre mémoire collective ? La question de Job fut depuis toujours la question capitale de la théodicée – de la théodicée universelle, à cause de l'existence du mal dans le monde en général, et de cette théodicée particulière qu'exacerbe l'énigme de l'élection, de l'Alliance présumée entre Israël et son Dieu. S'agissant de cette exacerbation, qui marque aussi notre présente question, l'Alliance même pouvait encore être invoquée au début – ainsi par les prophètes bibliques – à titre d'explication : le peuple de l'Alliance était devenu infidèle à celle-ci. Mais de longues périodes de loyauté s'ensuivirent : dès lors l'explication ne réside plus dans la faute à sanctionner, mais dans l'idée de témoignage, cette création du temps des Maccabées, qui devait léguer à la postérité la notion de martyre. D'après celle-ci, ce sont précisément les innocents et les justes qui endurent le pire. Ainsi, au Moyen Age, des communautés entières subirent-elles la mort par l'épée et par le feu avec le *Chema Israël* aux lèvres, donc en proclamant l'unité de Dieu. Le terme hébraïque pour cela est *Kidduch-haChen*, la « sanctification du Nom », et les victimes s'appelaient des « Saints ». Leur sacrifice faisait briller la lumière de la Promesse, de la rédemption finale due à la venue du messie.

Rien de tout cela ne prend plus effet avec l'événement qui porte le nom d'« Auschwitz ». Ici ne trouvèrent place ni la fidélité ni l'infidélité, ni la foi ni l'incroyance, ni la faute ni son châtiment, ni l'épreuve, ni le témoignage, ni l'espoir de rédemption, pas même la force ou la faiblesse, l'héroïsme ou la lâcheté, le défi ou la soumission. Non, de tout cela Auschwitz, qui dévora même les enfants, n'a rien su ; il n'en offrit pas même l'occasion en quoi que ce fût. Ce n'est pas *pour l'amour* de leur foi que moururent ceux de là-bas (comme encore les témoins de Jéhovah) ; ce n'est pas non plus *à cause de* celle-ci ou de quelque orientation volontaire de leur être personnel qu'ils furent assassinés. La déshumanisation par l'ultime abaissement ou dénuement précéda leur agonie ; aux victimes destinées à la solution finale ne fut laissée aucune lueur de noblesse humaine, rien de tout cela n'était plus reconnaissable chez les survivants, chez les fantômes squelettiques des camps libérés. Et pourtant – paradoxe des paradoxes –, c'était le vieux peuple de l'Alliance, à laquelle ne croyait plus presque aucun des intéressés, tueurs et même victimes, c'était donc très précisément ce peuple-là et pas un autre qui fut désigné, sous la fiction de la race, pour cet autre anéantissement total : le retournement horrible entre tous de l'élection en une malédiction, qui se moquait de toute interprétation. Il y a donc bien malgré tout une relation – de la nature la plus perverse qui soit – avec les chercheurs de Dieu et les prophètes d'autrefois, dont les descendants furent ainsi sélectionnés dans la dispersion et rassemblés dans l'union de la mort commune. Et Dieu laissa faire. Quel est ce Dieu qui a pu laisser faire ?

Il y a lieu d'intercaler ici que, dans cette

question, le juif connaît une situation plus difficile, théologiquement, que le chrétien. Car pour le chrétien, qui attend de l'au-delà le véritable salut, ce monde-ci, en tout état de cause, relève amplement du diable, et demeure toujours un objet de méfiance, spécialement le monde des hommes à cause du péché originel. Mais pour le juif, qui voit dans l'immanence le lieu de la création, de la justice et de la rédemption divines, Dieu est éminemment le seigneur de l'*Histoire*, et c'est là qu'« Auschwitz » met en question, y compris pour le croyant, tout le concept traditionnel de Dieu. A l'expérience juive de l'Histoire, Auschwitz ajoute en effet, comme déjà mentionné, un inédit, dont ne sauraient venir à bout les vieilles catégories théologiques. Et quand on ne veut pas se séparer du concept de Dieu – comme le philosophe lui-même en a le droit –, on est obligé, pour ne pas l'abandonner, de le repenser à neuf et de chercher une réponse, neuve elle aussi, à la vieille question de Job. Dès lors, on devra certainement donner congé au « seigneur de l'Histoire » [1]. Donc : quel Dieu a pu laisser faire cela ?

Je reprendrai ici une tentative antérieure à laquelle je me suis risqué un jour, en me confrontant avec la question beaucoup plus vaste de l'immortalité – tentative dans laquelle se projetait déjà aussi l'ombre d'Auschwitz *. J'eus recours à un *mythe* de mon invention – à ce type de conjecture imagée, mais crédible, qu'autorisait Platon pour la sphère située au-delà de la connaissance. Permettez-moi maintenant de répéter ici ce mythe.

Au commencement, par un choix insondable, le fond divin de l'Être décida de se livrer au hasard, au risque, à la diversité infinie du devenir. Et cela entièrement : la divinité, engagée dans l'aventure de l'espace et du temps, ne voulut rien retenir de soi ; il ne subsiste d'elle aucune partie préservée, immunisée, en état de diriger, de corriger, finalement de garantir depuis l'au-delà l'oblique formation de son destin au sein de la création. L'esprit moderne repose sur cette immanence absolue. Et son courage ou son désespoir, en tout cas son amère honnêteté, consiste à prendre au sérieux notre être-au-

* Voir H. Jonas, *Zwischen Nichts und Ewigkeit* (Entre le néant et l'éternité), Kleine Vandenhoeck-Reihe 165, Göttingen, 1963, p. 55 et suivantes.

monde : à considérer ce monde comme laissé à lui-même, ses lois ne souffrant aucune ingérence, de sorte que notre rigoureuse appartenance à lui ne soit tempérée par aucune providence extramondaine. C'est cela aussi que postule notre mythe d'un être-au-monde de Dieu. Non pas dans le sens de l'immanence panthéiste : si Dieu et le monde se trouvent purement et simplement identiques, alors le monde présente à chaque instant et dans chaque situation une totale plénitude, et Dieu ne peut plus ni perdre ni gagner.

Dans l'autre hypothèse, maintenant, Dieu, pour que le monde soit et qu'il existe de par lui-même, a renoncé à son Être propre ; il s'est dépouillé de sa divinité, afin d'obtenir celle-ci, en retour, de l'odyssée des temps, donc chargée de la récolte fortuite d'une imprévisible expérience temporelle, lui-même, Dieu, étant alors transfiguré, ou peut-être aussi défiguré par elle. Dans un tel abandon de l'intégrité divine au profit du devenir sans restriction ne peut être admise aucune connaissance préalable, si ce n'est celle des possibilités qu'accorde l'Être cosmique à travers ses propres conditions : ce sont justement les conditions auxquelles Dieu a livré sa cause, puisqu'il s'est dépouillé en faveur du monde.

Et pour une infinité de temps, elle est certainement remise au lent travail du hasard cosmique et des probabilités de son jeu des grands nombres – tandis que constamment s'accumule, du moins sommes-nous en droit de le supposer, une patiente mémoire du tournoiement de la matière, mémoire qui grossit jusqu'à cette attente prémonitoire dont l'Éternel accompagne de plus en plus les œuvres du temps –, la transcendance émergeant avec hésitation des opacités de l'immanence.

Et puis, le premier émoi de la *vie* – un nouveau langage du monde : et avec cette vie, l'énorme augmentation de l'intérêt dans la sphère éternelle, et un bond subit dans la croissance, visant à recouvrer sa plénitude. C'est le hasard du monde qu'attendait la divinité en devenir, et avec lequel l'engagement prodigue de celle-ci commence à montrer les signes de son accomplissement final. Dans la houle, ondulant à l'infini, des sensations, des perceptions, des aspirations et des activations, qui, de plus en plus diverse, de plus en plus intense, s'élève au-dessus des tourbillons muets de la matière, l'éternité trouve une force, elle s'emplit, contenu après contenu, d'un acquiescement à soi, et pour la première fois le dieu qui s'éveille peut dire que la création est bonne.

Mais n'oublions pas qu'avec la vie vint la mort, et que cette mortalité représente le prix qu'eut à payer, pour surgir, la nouvelle possibilité de l'Être. Si la durée sans fin était le but, jamais la vie n'aurait pu commencer, car elle ne saurait se mesurer sous aucune forme que ce soit avec la stabilité des corps inorganiques. Elle participe d'un Être essentiellement révocable et destructible, d'une aventure de la mortalité qui obtient en prêt, d'un matériau de longue durée et aux conditions de ce dernier (les brefs délais imposés à l'organisme avec son métabolisme), les carrières individuelles marquées par la finitude. Mais c'est justement à travers la brève affirmation d'un sentiment de soi, d'un agir et d'un souffrir propres à des individus finis, devant à cette pression de la finitude toute l'urgence et donc toute la fraîcheur de leurs émotions, que le divin paysage déploie son jeu de couleurs, et que la divinité accède à l'expérience d'elle-même.

On notera également que, dans l'innocence de la vie avant que n'apparaisse la connaissance, la cause de Dieu peut se fourvoyer. Chaque espèce différente que produit l'évolution ajoute aux possibilités de sentir et de faire la sienne propre, et enrichit ainsi l'auto-expérience du fond divin. Chaque dimension nouvelle que la réponse du monde ouvre, selon le cours qu'il prend, signifie pour Dieu une nouvelle façon d'éprouver son essence cachée, et de se découvrir lui-même à travers les surprises de l'aventure-monde. Et toute la récolte de son devenir laborieux, tourmenté, qu'il soit clair ou obscur, gonfle le trésor transcendant d'une éternité temporellement vécue. Si cela vaut déjà pour la multiplicité en soi, dont le registre va s'élargissant, combien plus encore pour l'éveil et la passion grandissants de la vie, qui, avec la croissance jumelle de la perception et du mouvement, s'avance au sein du règne animal. L'aiguisement toujours accru de l'instinct et de l'angoisse, du plaisir et de la souffrance, du triomphe et de la privation, de l'amour et même de la cruauté – le perçant de leur intensité en soi, de toute expérience en général, c'est là un gain du sujet divin, et la traversée de ce vécu infiniment répété, mais jamais émoussé (d'où déjà la nécessité de la mort et d'une nouvelle naissance) fournit l'essence épurée à partir de laquelle s'édifie à neuf la divinité. Tout cela rend l'évolution disponible rien que par la luxuriance de son jeu, et par l'insistance de son aiguillon. Ses créatures, en s'accomplissant elles-mêmes conformément à leur seul instinct, justifient l'audace divine. Même leur souffrance approfondit encore la plénitude sonore de la symphonie. C'est ainsi que, en deçà du bien et du mal, Dieu ne peut perdre dans le grand jeu de hasard qu'est l'évolution.

Mais il ne peut davantage vraiment gagner en s'abritant derrière l'innocence de celle-ci, et une nouvelle attente va grandir en lui, en réponse à la direction que prend petit à petit le mouvement inconscient de l'immanence.

Et puis Dieu se met à trembler, parce que le choc de l'évolution, porté par sa propre force d'impulsion, franchit le seuil où cesse l'innocence, et qu'à l'engagement divin s'impose, dès lors, un critère de succès ou d'échec complètement nouveau. La montée de l'homme signifie la montée de la connaissance et de la liberté, et avec ce don éminemment à double tranchant, l'innocence du simple sujet d'une vie s'autoréalisant cède la place aux tâches de la responsabilité, qui sépare le bien du mal. C'est désormais aux chances et aux périls de cette dimension de l'accomplissement que se trouve confiée la cause divine, devenue maintenant manifeste, et l'issue de l'ensemble est sur la balance. L'image de Dieu, ébauchée dans les balbutiements de l'univers physique, travaillée jusque-là – bien qu'encore indécidée – dans les spirales de la vie préhumaine, vastes cercles qui se resserrent ensuite, cette image, donc, passe sous la garde problématique de l'homme, pour être accomplie, sauvée, ou corrompue par ce que ce dernier fait de lui-même et du monde. Et c'est dans le terrible impact de ses actes sur le destin divin, dans leur effet sur l'état entier de l'Être éternel, que réside l'immortalité humaine.

La transcendance s'est éveillée à elle-même avec l'apparition de l'homme, et elle accompagne désormais les actions de ce dernier en retenant son souffle, avec l'espoir du demandeur, dans la joie et dans la tristesse, dans la satisfaction et dans la désillusion, se rendant, comme j'aimerais le croire, sensible à lui, sans pourtant intervenir dans la dynamique du théâtre du monde : car ne se pourrait-il pas que le transcendant, par un reflet de son état, lueur vacillant avec le bilan fluctuant de l'agir humain, jette ombre et lumière sur le paysage humain[2] ?

Telle est donc l'hypothèse en forme de mythe que j'ai soumise un jour à la réflexion dans un autre contexte. Ce mythe a des implications théologiques dont je n'ai pris conscience que lentement. Je vais développer ici certaines des plus manifestes, en traduisant l'image en concepts, dans l'espoir de rattacher à la tradition responsable de la pensée religieuse juive ce qui paraît forcément une fantaisie d'ordre privé, aussi étrange qu'arbitraire. C'est de cette façon que j'essaierai de rendre quelque peu sincère la légèreté de ma spéculation aux tâtonnements expérimentaux.

D'abord, et le plus évidemment qui soit, j'ai parlé d'un dieu *souffrant* – ce qui semble se trouver en contradiction directe avec la représentation biblique de la majesté divine. Naturellement, il y a le sens chrétien de l'expression « dieu souffrant[3] », mais mon mythe n'a pas à être confondu avec cela : il ne parle pas, comme cette formule le fait, d'un acte unique, par lequel la divinité, à un moment déterminé, et dans le but particulier de racheter l'homme, envoya une partie d'elle-même dans une situation de souffrance déterminée (l'incarnation et la crucifixion). Si quelque chose de ce que j'ai dit a un sens, c'est alors le suivant : à savoir, que la relation de Dieu au monde implique une souffrance du côté de Dieu *dès l'instant de la création*, et sûrement dès l'instant de la création de l'homme. Elle comporte naturellement aussi une souffrance du côté de la créature, mais il s'agit là d'une évidence reconnue depuis toujours dans chaque théologie. Ce n'est pas le cas, en revanche, de l'idée que Dieu souffre avec la création, et j'ai dit à son propos qu'elle entrait en collision, *prima facie*, avec la représentation biblique de la majesté divine. Mais le fait-elle en réalité aussi radicalement qu'il paraît à première vue ? Ne trouvons-nous pas aussi dans la Bible hébraïque un Dieu qui se voit méprisé et rejeté par l'homme, et qui s'afflige à son sujet ? Et même, ne le voit-on pas regretter une fois d'avoir créé l'homme et se désoler souvent de la déception qu'il éprouve avec lui

– et particulièrement avec son peuple élu ? Souvenons-nous du prophète Osée et de la plainte d'amour si émue que Dieu fait entendre à propos de son épouse infidèle, Israël.

Ensuite, second point, le mythe trace l'image d'un dieu *en devenir*. C'est un dieu qui surgit dans le temps, au lieu de posséder un être complet, demeurant identique à lui-même tout au long de l'éternité. Semblable idée d'un divin devenir est sans aucun doute en contradiction avec la tradition grecque, platonico-aristotélicienne, de la théologie philosophique, qui, depuis son incorporation à la tradition théologique aussi bien juive que chrétienne, a d'une certaine manière usurpé à son profit une autorité à quoi elle n'a nullement droit, selon des critères authentiquement juifs (et chrétiens également). La supratemporalité, l'impassibilité, l'immutabilité furent déclarées attributs nécessaires de Dieu. Et l'opposition ontologique que la pensée classique avait affirmée entre l'être et le devenir – opposition dans laquelle le devenir, inférieur à l'être, caractérise le monde d'en bas – excluait toute ombre d'un devenir du côté de cet Être pur, absolu, de la divinité. Mais ce concept hellénique n'a jamais bien convenu à l'esprit ni au langage de la Bible ; en revanche, le concept d'un divin devenir peut effectivement s'accorder mieux avec elle.

Car que dit le Dieu en devenir ? Même si nous n'allons pas aussi loin que notre mythe le propose, nous devons forcément admettre en Dieu autant de « devenir », au moins, qu'il y en a dans le simple fait que Dieu se trouve affecté par ce qui se passe dans le monde, « affecté » voulant dire altéré, transformé dans son état. Même sans tenir compte que la création comme telle déjà, comme acte et comme existence découlant de cet acte, représente bien, finalement, un changement décisif de l'état divin, dans la mesure où Dieu n'est plus seul dorénavant – même ainsi, donc, sa *relation* permanente au créé, à partir du moment où celui-ci existe et disparaît dans le flux du devenir, veut justement dire que Dieu reçoit du monde une expérience ; que son être propre, par conséquent, est influencé par ce qui s'y déroule. C'est déjà vrai de la relation de connaissance conçue comme simple accompagnement, ce l'est à plus forte raison de la relation d'intérêt. Si donc Dieu se trouve dans un quelconque rapport au monde – et telle est bien l'hypothèse cardinale de la religion –, alors l'Éternel se « temporalise » de ce seul fait, et il devient progressivement autre à travers les réalisations du processus mondain.

L'idée du dieu en devenir a pour conséquence accessoire de détruire l'idée d'un retour du même. Cette dernière fut l'alternative de Nietzsche à la métaphysique chrétienne, semblable sur ce point à la métaphysique juive. L'idée de Nietzsche, en effet, symbolise à l'extrême le tournant vers une temporalité ou une immanence absolues, loin de toute espèce de transcendance qui pourrait conserver un éternel souvenir de ce qui s'évanouit dans le temps : soit donc l'idée que, par simple épuisement des permutations possibles dans la distribution des éléments matériels, doive surgir à nouveau une configuration « initiale », avec laquelle tout recommence à l'identique depuis le début, une fois équivalant alors à d'innombrables fois – « l'anneau des anneaux, l'anneau de l'éternel retour » chez Nietzsche. Mais si nous admettons que l'éternité est quelque peu touchée par ce qui se produit dans le temps, alors il n'y aura jamais de retour du même, parce que Dieu ne sera justement plus identique après être passé par l'expérience d'un processus mondain. Tout monde nouveau susceptible de naître après la fin d'un monde passé aura dans son propre héritage, pour ainsi dire, le souvenir de ce qui l'a précédé ; ou en d'autres termes : il n'y aura pas une éternité indifférente et morte, mais une éternité s'accroissant avec la récolte accumulée du temps.

Au concept d'un dieu souffrant et d'un dieu en devenir se trouve étroitement lié le concept d'un dieu *soucieux* – non pas éloigné, détaché, en lui-même enfermé, mais au contraire impliqué dans ce dont il a le souci. Quel que soit l'état « primitif » de la divinité, il a cessé de s'enclore en lui-même dès l'instant où il s'est compromis avec l'existence d'un monde, en créant ce monde ou en acceptant qu'il naisse. Que Dieu porte le souci de ses créatures, voilà qui relève naturellement des principes les plus familiers de la foi juive. Mais notre mythe souligne un aspect moins familier, à savoir que ce Dieu soucieux n'est pas un magicien qui, par le seul acte de son souci, provoquerait simultanément la réalisation du but dont il a le souci : au contraire, il a laissé à d'autres acteurs quelque chose à faire, de sorte que son souci dépend d'eux. C'est donc aussi un dieu en péril, un dieu qui encourt un risque propre. Il est clair qu'il ne peut en aller autrement, sinon le monde resterait dans un état constant de perfection. Qu'il n'en soit pas ainsi ne peut avoir qu'un des deux sens suivants : ou bien le Dieu Unique n'existe pas du tout (à moins peut-être qu'il n'y en ait plusieurs), ou bien cet Unique a laissé à un autre que lui, créé par lui, une marge de jeu et un pouvoir de codécision, relativement à ce qui fait l'objet de son souci. Voilà pourquoi j'ai dit que le dieu soucieux n'était pas un magicien. D'une quelconque façon, par un acte de sagesse insondable, ou d'amour, ou quelle qu'ait pu être la divine motivation, il a renoncé à garantir sa propre satisfaction envers lui-même par sa propre puissance, après qu'il eut déjà renoncé, par la création elle-même, à être tout en tout.

Et nous en arrivons à ce qui constitue peut-être le point le plus critique dans notre entreprise bien risquée de théologie spéculative : ce Dieu-là n'est pas un dieu tout-puissant ! Nous affirmons en effet, pour notre image de Dieu comme pour notre entière relation au divin, que nous ne sommes pas en mesure de maintenir la doctrine traditionnelle (médiévale)[4] d'une puissance divine absolue, sans limite. Qu'on me laisse fonder cela tout d'abord sur un plan purement logique, en articulant le paradoxe déjà inclus dans le concept de puissance absolue. La situation dans l'ordre de la logique n'est aucunement telle, en effet, que l'omnipuissance divine représente la doctrine raisonnable, plausible, se recommandant d'elle-même en quelque sorte, tandis qu'inversement la limitation de celle-là représenterait la doctrine aberrante, ayant besoin qu'on la défende. Bien au contraire. Il découle du simple concept de puissance que la toute-puissance, justement, est une notion en soi contradictoire, vouée à s'abolir elle-même, voire dépourvue de sens. Il en va d'elle comme de la liberté dans le domaine humain. Loin que celle-ci commence là où finit la nécessité, elle existe et s'anime en se mesurant à cette nécessité. Séparer la liberté du règne de la nécessité, c'est lui enlever son objet, elle devient aussi nulle, hors cet empire, qu'une force ne rencontrant pas de résistance. La liberté absolue serait une liberté vide, qui se supprime elle-même. Semblablement une puissance vide, et ce serait le cas de la toute-puissance absolue. La puissance absolue, totale, signifie une puissance qui n'est limitée par rien, pas même par l'existence de quelque chose d'autre en soi, de quelque chose d'extérieur à elle qui soit différent d'elle. Car la simple existence d'un tel autre représenterait déjà une limitation, et l'unique puissance devrait forcément anéantir cet autre afin de préserver son absoluité. La puissance absolue, dès lors, n'a dans sa solitude aucun objet sur lequel agir. Puissance dépourvue d'objet, c'est alors une puissance dépourvue de pouvoir, qui s'abolit elle-même. « Tout », ici, équivaut à rien. Pour qu'elle puisse agir, il faut qu'existe quelque chose d'autre, et aussitôt que c'est là, elle n'est plus toute-puissante, bien que sa puissance, comparée au reste, puisse se montrer aussi supérieure qu'on le veut. Tolérée, l'existence *per se* d'un autre objet limite, en tant que condition de l'activité, la puissance de la force d'action de la puissance, cela en lui permettant simultanément d'être une force active. Bref, la « puissance » est un concept *relationnel* et exige une relation à plusieurs pôles. Même alors, la puissance qui ne rencontre aucune *résistance* chez son partenaire de référence équivaut en soi à une non-puissance. La puissance ne vient à s'exercer qu'en rapport avec quelque chose qui de son côté a puissance. Car la puissance, si elle ne doit pas rester vaine, réside dans la capacité de vaincre quelque chose ; et la coexistence d'un autre suffit comme telle à fournir cette condition. Car existence veut dire résistance, et donc force contraire. De même qu'en physique la force sans résistance, donc sans contre-force, demeure vide, de même en métaphysique la puissance sans contre-puissance, aussi inégale que soit la seconde. Donc, ce sur quoi la puissance agit doit avoir une puissance intrinsèque, même si cette dernière provient de la première, et fut originairement dispensée à son détenteur en même temps que l'existence par un renoncement à soi de la puissance illimitée, cela dans l'acte de création justement. Bref, il ne peut se faire que toute la puissance se trouve du côté d'un seul sujet agissant. Il faut que la puissance soit partagée pour qu'il y ait en soi puissance.

Cependant, à côté de cette objection, logique et ontologique, à l'idée de toute-puissance divine absolue et illimitée, il y en a une autre, plus théologique, et authentiquement religieuse. La toute-puissance divine ne peut coexister avec la bonté divine qu'au prix d'une condition : il faut que Dieu soit totalement insondable, c'est-à-dire énigmatique. Devant l'existence du mal ou même seulement du mauvais dans le monde, nous devrions sacrifier la compréhensibilité en Dieu à la conjonction des deux autres attributs. C'est seulement d'un Dieu complètement inintelligible qu'on peut dire qu'il est à la fois absolument bon et absolument tout-puissant, et que néanmoins il tolère le monde tel qu'il est. En termes plus généraux, les trois attributs concernés – bonté absolue, puissance absolue et compréhensibilité – se trouvent dans un tel rapport que toute union entre deux d'entre eux exclut le troisième. La question est alors : lesquels sont-ils intégralement requis pour notre concept de Dieu, et par là inaliénables, et lequel des trois, moins fort, doit-il céder aux exigences supérieures des deux autres ? A cet égard, la bonté, c'est-à-dire la volonté de faire le bien, est certainement indissociable de notre concept de Dieu, et ne peut subir aucune limitation. La compréhensibilité ou « connaissabilité », conditionnée de deux côtés – par l'essence de Dieu et par les bornes de l'homme –, est sans doute, à ce dernier point de vue, soumise à limitation, mais ne souffre en aucun cas une totale négation. Le *deus absconditus*, le dieu caché (pour ne pas parler du dieu absurde), est une représentation aussi peu juive que possible. Notre doctrine, la *Torah*, repose et insiste sur le fait que nous pouvons comprendre Dieu, pas tout de lui, certes, mais quelque chose – quelque chose de sa volonté, de ses intentions, et même de son essence, car il nous l'a manifesté. Il y a eu révélation, nous possédons ses commandements, sa loi, et il s'est directement communiqué à plus d'un – à ses prophètes – comme si ceux-ci étaient sa bouche pour tous dans le langage des hommes et du temps, Dieu se réfractant donc dans ce médium restrictif, mais non dans un obscur mystère. Un dieu totalement caché, inintelligible, est un concept inacceptable selon la norme juive.

Or c'est exactement comme cela qu'il devrait être, si avec la toute-bonté lui était aussi attribuée la toute-puissance. Après Auschwitz, nous pouvons affirmer, plus résolument que jamais auparavant, qu'une divinité toute-puissante ou bien ne serait pas toute-bonne, ou bien resterait entièrement incompréhensible (dans son gouvernement du monde, qui seul nous permet de la saisir).

Mais si Dieu, d'une certaine manière et à un certain degré, doit être intelligible (et nous sommes obligé de nous y tenir), alors il faut que sa bonté soit compatible avec l'existence du mal, et il n'en va de la sorte que s'il n'est pas *tout*-puissant. C'est alors seulement que nous pouvons maintenir qu'il est compréhensible et bon, malgré le mal qu'il y a dans le monde. Et comme de toute façon nous trouvions douteux en soi le concept de toute-puissance, c'est bien cet attribut-là qui doit céder la place.

Jusqu'ici, notre argumentation autour de la toute-puissance n'a pas fait plus que de poser le principe – pour toute théologie en continuité avec l'héritage juif – que la puissance de Dieu demande à être considérée comme restreinte par quelque chose dont lui-même reconnaît l'existence, une existence ayant sa propre légitimité ainsi que la capacité d'agir de sa propre autorité [5]. Or pareille chose pourrait aussi s'interpréter simplement comme une concession venant de Dieu, révocable à son gré, c'est-à-dire donc comme une retenue de la puissance qu'il détient sans réserve, mais n'utilise qu'avec réserve par respect pour le droit propre de la création.

Mais cela ne suffirait pas encore : étant donné les actes véritablement monstrueux et entièrement unilatéraux que les humains faits à son image commettent parfois envers d'autres humains sans la faute de ces derniers, on devrait s'attendre que le bon Dieu brise de temps en temps sa propre règle, l'extrême retenue de sa puissance, et qu'il intervienne par un miracle salvateur [6]. Aucun de ces miracles salvateurs, pourtant, ne s'est produit ; pendant toutes les années qu'à duré la furie d'Auschwitz, Dieu s'est tu. Les miracles qui se produisirent vinrent seulement d'êtres humains : ce furent les actions de ces justes, isolés, inconnus parmi les nations, qui ne reculèrent pas même devant l'ultime sacrifice pour sauver Israël, pour adoucir son sort, voire, s'il ne pouvait en être autrement, pour le partager à cette occasion. Je parlerai d'eux à nouveau ultérieurement. Mais Dieu, lui, s'est tu. Et moi, je dis maintenant : s'il n'est pas intervenu, ce n'est point qu'il ne le voulait pas, mais parce qu'il ne le pouvait pas. Je propose, pour des raisons inspirées par l'expérience contemporaine de façon déterminante, l'idée d'un Dieu qui pour un temps – le temps que dure le processus continué du monde – s'est dépouillé de tout pouvoir d'immixtion dans le cours physique des choses de ce monde ; d'un Dieu qui donc répond au choc des événements mondains contre son être propre, non pas « d'une main forte et d'un bras tendu » – comme nous le récitons tous les ans, nous les juifs, pour commémorer la sortie d'Égypte – mais en poursuivant son but inaccompli avec un mutisme pénétrant.

En cela donc, ma spéculation s'éloigne beaucoup de la plus ancienne doctrine juive. Plusieurs des treize articles de foi de Maimonide chantés à l'office vont dans le sens de la « main forte » : ainsi les énoncés sur la puissance souveraine de Dieu face à la création, sur sa façon de récompenser les bons et de punir les méchants, même sur la venue du messie promis. Mais non le principe de l'appel aux âmes [7], de l'inspiration des prophètes et de la *Torah*, ni davantage l'idée de l'élection, car c'est seulement au domaine physique que se rapporte l'impuissance de Dieu. Surtout, on en reste au Dieu *unique*, et donc à « Écoute, Israël » ; on ne recourt pas à un dualisme manichéen pour expliquer le mal, c'est seulement du cœur des hommes qu'il monte pour acquérir sa puissance au sein du monde. Dans le simple fait d'admettre la liberté humaine réside un renoncement de la puissance. De nos explications sur la puissance en général, déjà, découlait la négation de l'omnipotence divine. Cela laisse théoriquement le choix ouvert entre un *dualisme* initial, théologique ou ontologique, et l'autolimitation du Dieu unique par la création à partir du néant. Le dualisme à son tour peut prendre la forme manichéenne d'une force active du mal, qui d'emblée s'oppose au but divin en toutes choses : soit une théologie du double dieu ; ou la forme platonicienne d'un médium passif qui – tout aussi universel – ne permet qu'imparfaitement l'incarnation de l'idéal dans le monde : autrement dit, une ontologie de la forme et de la matière. La première option – la théologie du double dieu – est évidemment inacceptable pour le judaïsme. L'option platonicienne répond tout au plus au problème de l'imperfection et de la nécessité naturelle, mais non à celui du mal positif, qui implique une liberté avec plein pouvoir, même en face de son créateur ; quant à la théologie juive aujourd'hui, elle doit se confronter avec la réalité et la réussite du mal délibéré, bien plus qu'avec les épreuves de l'aveugle causalité naturelle – Auschwitz et non pas le tremblement de terre de Lisbonne. Seule la création à partir du néant nous donne l'*unité* du principe divin en même temps que son *auto*limitation, laquelle ouvre l'*espace* pour l'existence et l'autonomie d'un monde. La création était l'acte de la souveraineté absolue, par lequel celle-ci consentait, pour la finitude autodéterminée de l'existence, à ne pas demeurer plus longtemps absolue – donc un acte d'autodépouillement divin.

Et alors nous nous souviendrons que la tradition juive, elle non plus, n'est pas aussi monolithique, en matière de souveraineté divine, que le laisse paraître la doctrine officielle. Le puissant courant souterrain de la Cabale, à nouveau mis en lumière de nos jours par Gershom Scholem [8], connaît un destin de Dieu, auquel celui-ci s'est soumis avec le devenir du monde. Il y a là des spéculations hautement originales et fort peu orthodoxes, parmi lesquelles les miennes ne se trouveraient pas si totalement seules. Par exemple, mon mythe ne fait au fond que radicaliser l'idée du *Tsimtsoum*, ce concept cosmogonique central de la Cabale lurianique [9]. *Tsimtsoum* veut dire contraction, retrait, autolimitation. Pour faire place au monde, le

En-Sof du commencement, l'infini, a dû se contracter en lui-même et laisser naître ainsi à l'extérieur de lui le vide, le néant, au sein duquel et à partir duquel il a pu créer le monde. Sans son retrait en lui-même, rien d'autre ne pourrait exister en dehors de Dieu, et seule sa durable retenue préserve les choses finies d'une nouvelle perte de leur être propre dans le divin « tout en tout ».

Or mon mythe va encore plus loin que cela. Totale devient la contraction ; c'est entièrement que l'infini, quant à sa puissance, se dépouilla dans le fini, et lui confia ainsi son sort. Reste-t-il encore quelque chose, dès lors, pour une relation à Dieu ? Laissez-moi répondre en citant une dernière fois mon écrit antérieur.

Renonçant à sa propre invulnérabilité, le fondement éternel a permis au monde d'être. Toute créature doit son existence à cette négation et a reçu avec cette existence ce qu'il y avait à recevoir de l'au-delà. Dieu, après s'être entièrement donné dans le monde en devenir, n'a plus rien à offrir : c'est maintenant à l'homme de lui donner. Et il peut le faire en veillant à ce que, dans les cheminements de sa vie, n'arrive pas, ou n'arrive pas trop souvent, et pas à cause de lui, l'homme, que Dieu puisse regretter [10] d'avoir laissé devenir le monde. Et le mystère des « trente-six justes » inconnus, qui d'après la doctrine juive ne doivent jamais manquer au monde [11] pour sa continuation, et parmi lesquels pourraient avoir compté, à notre époque, maints « justes des nations » déjà mentionnés, ce mystère donc pourrait bien être le suivant : à savoir que, en vertu de la valeur supérieure dont nous créditons la logique non causale des choses d'en haut, leur sainteté cachée est en mesure de compenser une faute innombrable, d'apurer le bilan d'une génération et de sauver la paix du Royaume invisible [12].

Mesdames et Messieurs ! Tout cela est balbutiement. Même les paroles des grands voyants, des grands orants, des prophètes et des psalmistes, paroles défiant la comparaison, étaient balbutiement face au mystère éternel. Toute réponse à la question de Job ne peut non plus être davantage que cela. Ma réponse à moi s'oppose à celle du livre de Job : cette dernière invoque la *plénitude* de puissance du Dieu créateur, la mienne son *renoncement* à la puissance. Et pourtant –

étrange à dire –, toutes deux sont louange : car le renoncement se fit pour que nous puissions être. Même cela, me semble-t-il, est une réponse à Job : à savoir qu'en lui, Dieu même souffre. Cette réponse est-elle vraie ? Nous ne le savons d'aucune. Je puis seulement espérer que mes pauvres paroles à ce sujet ne soient pas complètement exclues de ce que Goethe a saisi par ces mots dans le *Testament de la vieille religion persane* :

« Et ce qui du Très-Haut la louange balbutie
Se trouve là-bas cercle après cercle réuni[13]. »

NOTES

1. La tradition juive enseigne que l'histoire est orientée par la Promesse faite à Abraham que sa descendance deviendrait une grande nation source de bénédictions pour les familles de la terre (*Gen.* 12.2). L'histoire conduit vers l'accomplissement de cette Promesse comme l'enseignent encore les prophètes, mais cela signifie-t-il que Dieu en soit le *seigneur* ? C'est « l'homme Moïse » qui doit faire sortir les Hébreux d'Égypte et la mer ne s'ouvre devant eux que parce qu'ils osent y entrer. Les rabbins du Talmud pensent que la conduite des hommes est décisive en ce domaine et que les aléas souvent dramatiques de l'histoire juive – comme la destruction du Temple et l'exil – s'expliquent par les manquements d'Israël aux exigences afférentes à l'Alliance. L'accomplissement de l'histoire dépend *aussi* de la réponse des hommes. (Note de C. Chalier.)

2. Hans Jonas, *Immortality and the Modern Temper* (L'Immortalité et le tempérament moderne). La conférence "Ingersoll" de 1961 à l'université Harvard, d'abord éditée dans la *Harvard Theological Review 55* (1962), pp. 1-20, maintenant dans H. Jonas, *The Phenomenon of Life* (Chicago and London : University of Chicago Press, 1982), pp. 262-281. (Note de l'auteur.)

3. L'interprétation par H. Jonas peut être discutée,

car la théologie chrétienne ne limite pas ainsi cette souffrance à un moment déterminé (Pascal : « Jésus sera en agonie jusqu'à la fin du monde ; il ne faut pas dormir pendant ce temps-là », *Pensées* 736). Par ailleurs, le sens que H. Jonas propose de donner à cette souffrance, en la reliant à l'acte créateur lui-même, n'est pas non plus limité dans le temps si l'on accepte, avec les maîtres du Judaïsme, de penser l'idée d'une création continuée. Enfin cette interprétation juive de la souffrance divine est évidemment significative pour l'universalité des hommes. (Note de C. Chalier.)

4. Le concept de la toute-puissance n'existe pas comme tel dans la Bible. Lorsque, dans les traductions françaises, on trouve « Je suis le Dieu tout-puissant » (*Gen.* 35.11, par exemple), le texte hébraïque dit *« El Chaddaï »*, littéralement Celui qui dit « assez », qui pose des limites. Presque toujours *« El Chaddaï »* est rendu par « le tout-puissant », or cette traduction n'est pas exacte. Il existe cependant des images qui expriment la puissance de Dieu, et la philosophie juive médiévale – singulièrement celle de Maimonide – s'est efforcée d'en faire une lecture allégorique, sur la base des catégories grecques (aristotélicienne en l'occurrence) de la pensée. La « main forte » devient ainsi l'image de l'idée de toute-puissance. (Note de C. Chalier.)

5. Le même principe a été avancé, avec un raisonnement légèrement différent, par le rabbin Tack Bemporad, « Toward a New Jewish Theology », *American Judaism* (hiver 1964-1965), p. 9 et suivantes. (Note de l'auteur.)

6. Un miracle occasionnel, c'est-à-dire une intervention extramondaine dans la causalité fermée du monde physique, n'est pas incompatible avec la validité générale des lois de la nature ; de rares exceptions ne ruinent pas les règles empiriques et peuvent même,

malgré toutes les apparences, s'y conformer parfaitement – voir à ce sujet H. Jonas, *Philosophical Essays* (Chicago, University of Chicago Press, 1980), pp. 66-67, et, plus développé, mon *Rudolf Bultmann Memorial Adress* de 1976 à l'université de Marburg, « Is Faith Still Possible ? Memories of Rudolf Bultmann and Reflections on the Philosophical Aspects of his Work » (*Harvard Theological Review 75*, n° 1, January 1982, pp. 9-15) ; voir aussi pp. 17-18 de cette « *Adress* » pour un fondement des objections religieuses contre la conception d'un Dieu « seigneur de l'histoire ». (Note de l'auteur.)

7. Au sujet de ce postulat inaliénable de la religion révélée : la possibilité de la révélation elle-même, c'est-à-dire d'un Dieu parlant aux *esprits* humains, même s'il se dispense d'intervenir dans les *choses* physiques ; voir H. Jonas, « Is Faith Still Possible ? », pp. 18-20. (Note de l'auteur.)

8. Voir principalement pour le sujet en question, *Les Grands Courants de la mystique juive*, trad. M.M. Davy, Paris, Payot, 1960, le chapitre sur Isaac Luria et son école, pp. 261-304. (Note de C. Chalier.)

9. Isaac Luria, 1534-1572. (Note de l'auteur.)

10. *Genèse* 6, 6-7. (Note de l'auteur.)

11. Sanhedrin 97 b ; Soukka 45 b. (Note de l'auteur.)

12. L'idée que c'est nous qui pouvons aider Dieu plutôt que Dieu nous aide, je l'ai rencontrée depuis, exprimée de façon émouvante, chez une des victimes d'Auschwitz elle-même, une jeune juive hollandaise, qui l'a validée en fondant son action sur elle jusqu'à sa mort. Cette idée se trouve donc dans *An interrupted Life. The Diaries of Etty Hillesum 1941-1943* (New York, Pantheon Books, 1984 – en français : Etty Hillesum, *Une vie bouleversée, Journal 1941-1943*, trad. Ph. Noble, Éd. du Seuil, Paris, 1985). Quand les déporta-

tions commencèrent en Hollande, en 1942, Etty Hillesum se présenta comme volontaire pour le camp de transit de Westerbork, afin d'aider à l'hôpital et de partager le sort de son peuple. En septembre 1943, elle fut expédiée, par un des habituels convois de masse, à Auschwitz où elle « mourut » le 30 novembre 1943. Ses journaux ont survécu, mais n'ont été que récemment publiés. Je cite Neal Ascherson (« In Hell », *New York Review of Book 31*, n° 13, 19 juillet 1984, pp. 8-12 spécialement). « Elle ne trouve pas exactement Dieu, mais s'en construit plutôt un pour elle-même. Le thème de ses journaux devient de plus en plus religieux, et beaucoup des entrées sont des prières. Son Dieu est quelqu'un à qui elle fait des promesses, mais dont elle n'attend rien, et à qui elle ne demande rien. "J'essaierai de Vous aider, Dieu, à stopper le déclin de mes forces, bien que je ne puisse en répondre à l'avance. Mais une chose devient de plus en plus claire à mes yeux : à savoir, que vous ne pouvez nous aider, que nous devons Vous aider à nous aider. Hélas, il ne semble guère que Vous puissiez agir Vous-même sur les circonstances qui nous entourent, sur nos vies. Je ne Vous tiens pas non plus pour responsable. Vous ne pouvez nous aider, mais nous, nous devons Vous aider, nous devons défendre Votre lieu d'habitation en nous jusqu'à la fin." » La lecture de ces lignes fut pour moi une bouleversante confirmation, par un authentique témoignage, de mes méditations bien ultérieures, et bien à l'abri – ainsi qu'une consolante correction de mes déclarations par trop générales selon lesquelles nous n'aurions pas là des martyrs. (Note de l'auteur.)

13. « Und was nur am Lob des Höchsten stammelt / Ist in Kreis um Kreise dort versammelt » (Goethe, « Vermächtnis altpersischen Glaubens »). (Note de l'auteur.)

Dieu sans puissance

par Catherine Chalier

L'ultime souffle de ceux, proches et lointains, qui, abandonnés au froid glacial de jours durablement solitaires et interdits de toute miséricorde, furent condamnés à une mort sans *kaddish* et sans épitaphe, hante ceux qui ont conscience de survivre à leur anéantissement, de façon injustifiée et incompréhensible. Cela les oblige à porter le poids terrible de cette humanité disparue et à tenter de lui répondre par des engagements présents, car une vie habitée par l'ombre de cette histoire ne doit pas s'y défaire, mais exiger davantage d'elle-même afin, peut-être, que les générations nouvelles sachent que le bien prévaut parfois sur la déréliction. Parmi les philosophes et les théologiens que ce temps effroyable ne cesse de tourmenter, Hans Jonas refuse la candeur condamnable de ceux qui s'efforcent de persévérer dans la certitude que, malgré son horreur, ce désastre n'impose pas une remise en cause radicale des catégories et des concepts. Or comme la haine et la persécution s'acharnèrent à détruire tous les enfants, fidèles et infidèles confondus, d'un peuple marqué, jusque dans sa chair, par l'alliance avec le Dieu d'Abraham, d'Isaac et de Jacob, et comme ce Dieu n'envoya nul ange salvateur à leur secours, le théologien d'aujourd'hui doit s'interroger sur l'idée qu'il s'en fait. Cette tâche spéculative, dit ici Hans Jonas, fait partie des devoirs dus aux disparus, elle constitue un impératif moral envers tous ceux qui, avec ou sans blasphème, crièrent vainement au ciel leur extrême douleur.

Penseur éminent de la gnose, Hans Jonas sait que, depuis un très lointain passé, les hommes se sont heurtés à l'énigme d'un monde en proie aux convulsions du mal alors qu'ils proclament leur foi en la bonté de Dieu. La contradiction entre la bonté divine et le mal qui tranche à vif les plus humbles espoirs disparaît évidemment si Dieu n'existe pas, si hasard, nécessité et force aveugle d'être se partagent sans pitié la domination d'une terre qui est là, sans raison ni finalité. Mais si, comme dans le cas de la gnose, les hommes ne se résignent pas à l'inexistence de Dieu et à l'absurdité des choses, comment surmontent-ils cette contradiction ? Les travaux du philosophe [1] expliquent que les principaux courants gnostiques se sont efforcés de répondre en recourant au dualisme. Le monde où grandissent et meurent les vivants est, selon eux, l'œuvre de « basses puissances » qui régissent le cosmos et qui, par hostilité aux hommes, font tout pour les empêcher de connaître le vrai Dieu, le Dieu de bonté, Celui qui n'a pas créé le monde. Le dessein de ces puissances, ou de ces archontes, n'est d'ailleurs pas très difficile à réaliser. En effet, comment les hommes garderaient-ils la nostalgie d'un Dieu absolument transcendant, d'un Dieu qui, malgré sa bonté, ne s'est pas révélé à eux ? Pourtant, depuis le commencement du monde, certains s'éveillent au désir d'échapper à la prison du cosmos car ils s'y sentent étrangers. Une étincelle frémit dans leur âme et ils éprouvent le sentiment d'avoir été oubliés sur une terre effrayante, ils se lamentent et disent leur aspiration à retrouver une patrie inconnue mais certaine. L'âme de ces hommes cherche alors à échapper aux terribles archontes tout en sachant que nulle providence ne veille sur le monde, et l'effroi la saisit. Le pessimisme gnostique envers le cosmos et l'âme qui en est captive, son sentiment d'abandon sur une terre étrangère par ceux de « l'autre monde », ne laissent pas d'espoir de rédemption sur les lieux à jamais soumis aux puissances ténébreuses où l'homme se trouve jeté, pour son malheur. Le cosmos est en effet régi par des lois hostiles et tyranniques, ignorantes de toute bonté, et il ne peut jamais se convertir en espace hospitalier aux aspirations humaines. Cependant, l'assurance eschatologique d'une possibilité de lui échapper demeure, car il existe un Dieu extramondain, un Dieu bon qui, malgré son impuissance radicale à modifier le monde, ou simplement à s'y manifester, attend les hommes par-delà le destin oppresseur qui les accable inexorablement, par-delà leur présente déréliction.

Comme le montre Hans Jonas, les gnostiques recourent au mythe pour parler de l'état présent des choses – la terrible énigme de la souffrance humaine face à la bonté de Dieu. Ils élaborent divers récits qui rendent compte de cette contradiction insupportable, récits remontant à un drame survenu aux origines et expliquant pourquoi ce Dieu ne peut rien pour les hommes. La gnose procède à une radicale et tragique dissociation entre puissance et bonté, soit en référant l'un et l'autre attributs à deux dieux différents, comme dans le cas des modèles de type iranien, soit en narrant comment, au terme d'un processus intérieur à la divinité elle-même, ils ont été séparés. Simon le Magicien, par exemple, décrit l'histoire de la création comme celle d'une détérioration progressive, d'une aliénation, où, peu à peu, la source première des choses perd tout pouvoir et succombe aux puissances pourtant émanées d'elle. Cette histoire se conçoit donc comme celle d'un échec divin, et elle voue les hommes à espérer vainement le secours de Dieu à l'heure toujours actuelle de leur détresse : Dieu, malgré sa bonté, ou à cause d'elle, ne peut rien. Le monde se voit ainsi livré aux puissances néfastes, nul regard bienveillant n'a souci de l'infortune humaine, la divinité ne peut promettre réparation à la victime, elle ne peut veiller sur elle. Les larmes de l'innocence, la douleur des endeuillés et de ceux qui succombent sous le poids de l'ignominie humaine resteront à jamais sans consolation. Que ce soit par principe, comme dans le cas du dualisme, ou en conséquence du drame inhérent à l'acte créateur, le monde se trouve livré sans merci aux puissances mauvaises. Celui qui le comprend, le gnostique, sait du même coup qu'il ne vaut pas de les combattre, car il n'est de salut que dans le retrait, dans la fuite vers le Dieu d'outre-monde.

Ces réflexions importent beaucoup pour le texte ici proposé. Hans Jonas tente en effet, à son tour, de comprendre pourquoi, malgré l'idée de la bonté de Dieu, l'homme subit tant de douleur. Il s'interroge sur le sens de son abandon sans défense et sans espérance, non seulement dans un cosmos déserté par la divinité, mais aussi dans une histoire tout entière livrée, semble-t-il, aux puissances mauvaises. Car, depuis quelques siècles déjà, l'homme ne se définit pas seulement par rapport au cosmos, mais aussi, et surtout d'après Hegel ou Marx par exemple, par rapport à l'histoire. Or cette histoire se révèle, dans la stupeur qui saisit face à l'assassinat méthodique du peuple juif et à tant d'autres meurtres collectifs ou singuliers, comme le théâtre de la plus extrême déréliction. Comme si elle aussi était désertée par le Dieu de bonté et tout entière livrée aux puissances de la haine, sans que Dieu puisse répondre à ceux qui y achèvent leurs jours à peine entamés, en ignorant jusqu'au pressentiment d'une aube nouvelle, et sans qu'une voix soit autorisée à plaider autre chose que la thèse de l'absolu non-sens de cette souffrance.

Confrontés au défi théologique posé par les multiples épreuves subies pendant l'exil, les sages d'Israël ont, le plus souvent, tenté de les inscrire dans la perspective d'une théodicée afin d'en effacer l'aspect de pur scandale. Le mal qui frappe, sans discernement semble-t-il, relèverait en fait d'une intention divine sur l'histoire, il s'expliquerait par les fautes du peuple. Comme le dit le Talmud (*Yoma* 9b), l'idolâtrie et la haine provoquèrent la destruction du Temple de Jérusalem et l'exil. Dans cette perspective, l'histoire événementielle doit se lire à l'aune d'une autre histoire, celle de la fidélité aux exigences de l'Alliance. Les manquements d'Israël, dans le domaine de la conduite morale, de l'étude et de la prière, induisent en effet l'âpreté de son histoire et la part trop souvent périssable réservée à ses enfants dans le registre du bonheur. Les prophètes, déjà, enseignaient à percevoir la « main » de Dieu dans les péripéties funestes de leur temps ; ainsi, selon Isaïe (10. 5), l'Assyrie constituerait l'instrument de la colère divine, et la vulnérabilité d'Israël soumis à la vindicte des empires attesterait la puissance du Dieu qui, par leur intermédiaire, intervient dans l'histoire pour ramener son peuple sur le chemin du bien. Comme le prétendront aussi plus tard les interprétations « progressistes » et athées de l'histoire, la douleur de l'innocence se trouve dès lors expliquée, elle est subordonnée à une fin transcendante qu'elle rappelle ou encore dont elle permet l'avènement.

Pour le juif, soutient Hans Jonas, l'histoire ne peut rester étrangère aux desseins divins, elle n'est pas le lieu d'une haute absurdité, car Dieu s'y manifeste. Contrairement à l'idée gnostique d'un Dieu sans puissance sur le monde, le judaïsme plaide en effet la cause d'un Dieu unique, créateur de toutes choses et présent à la réalité des hommes par sa parole et, selon la trame du texte biblique, par ses interventions dans le cours de l'histoire, comme lors de la sortie d'Égypte. Pourtant, le théologien aujourd'hui, hanté par le traumatisme d'Auschwitz et des maléfices incessants qui suivirent, ne peut continuer à penser dans de telles catégories. La démesure du mal infligé au peuple juif et à toutes les autres victimes de la barbarie qui s'empara des esprits les plus raffinés prohibe tout recours à la tranquillité de la théodicée. Comme le dit aussi E. Lévinas, cette destruction « rend impossibles et odieux tout propos et toute pensée qui l'expliqueraient par les péchés de ceux qui ont souffert ou sont morts »[2]. Elle laisse donc devant l'angoisse de savoir pourquoi Dieu ne porta nul secours quand la mort frappa, des millions de fois.

Le théologien, soutient Hans Jonas, ne peut donc plus se réfugier dans les catégories traditionnelles pour penser Dieu, sauf à en faire une divinité monstrueuse qui consentirait, de plein gré, au martyre de ses créatures innocentes. Mais l'élaboration d'une nouvelle théologie, d'une théologie d'après la *Choa*, demande une révision conceptuelle déchirante que juifs et chrétiens n'acceptent pas facilement. S'inspirant sans doute des religions gnostiques et du rôle primordial qu'elles accordent au mythe, à ses symboles et à ses images, Hans Jonas s'efforce d'abord, dans ce livre, de se tenir en plus grande proximité de la contradiction effrayante entre l'*idée* d'un Dieu de bonté et le *constat* de l'horreur qu'Il laissa advenir, en proposant un mythe, librement élaboré dit-il. A l'instar des gnostiques, mais dans une perspective juive, monothéiste donc, il tente, à son tour, d'expliquer la réalité dramatique des jours sur lesquels nulle

Providence ne veille en imaginant ce qui advint aux temps des origines. Comme si, pour tenter de percer l'énigme d'un présent ténébreux et interdit de toute miséricorde, il fallait remonter au plus lointain jadis, à la geste créatrice elle-même. Cette démarche du philosophe ne constitue pas une incongruité théologique : bien des penseurs du judaïsme, principalement cabalistes, ont en effet soutenu l'idée que, pour atténuer la sidération face au mal et parer au danger d'apostasie qui guette les plus vulnérables ou les plus révoltés, il fallait se référer à des événements originaires censés aider l'homme à affronter l'état présent du monde. Des événements qui permettent de prendre au sérieux le mal, sans pour autant mettre en cause la Divinité, sans attribuer à sa soi-disant colère la folie des hommes et sans vouloir tout justifier, même les cris de l'innocence martyrisée, par une théologie de la culpabilité ou par une théodicée.

Le récit ici proposé s'inscrit dans cette ligne de pensée propre à la mystique juive. Mystique dont, avec d'autres chercheurs, Hans Jonas soupçonne d'ailleurs, sans réussir à l'établir clairement, qu'elle eut, à ses commencements du moins, des liens avec certains courants de la gnose[3]. Selon ce mythe donc et les symboles qu'il déploie, avant même toute faute humaine, l'acte créateur porte en germe le danger du mal. Pour des raisons inconnues, la source de l'être, ou la Divinité, a en effet voulu s'effacer entièrement afin que la réalité du monde soit, dans le temps et l'espace d'une immanence non troublée par l'ingérence de sa transcendance. L'acte créateur commence ainsi par un renoncement à être de la part de la Divinité, par son retrait destiné à permettre l'apparition de créatures multiples et variées. La Divinité attendrait, au terme du devenir cosmique, naturel et humain, un enrichissement de sa plénitude ou, comme le dit Hans Jonas, sa propre rédemption. Mais cette attente resterait sans assurance puisque le principe du retrait de la Divinité, afin que le monde soit, lui interdirait dorénavant d'y intervenir. Elle aurait ainsi décidé de dépendre de ses créatures, d'en devenir tributaire, jusqu'à avoir besoin d'elles pour sa rédemption. Or le risque du mal commence déjà là, puisque l'apparition de la vie implique nécessairement celle de la mort. Par ailleurs, si chaque nouvelle modalité de cette vie révèle un aspect de l'essence cachée de la Divinité, dans le domaine des sentiments, des émotions ou encore des aptitudes, il faut admettre que, dès le règne de l'animalité, la peur, la souffrance, l'angoisse et la cruauté en font partie au même titre que la confiance, le plaisir, le triomphe et l'amour. Pourtant, soutient Hans Jonas, à ce niveau d'innocence ou d'absence de connaissance, tout cela s'intègre encore au processus d'enrichissement de la Divinité et le justifie même, le mal ne se sépare pas du bien.

Mais, avec l'apparition de l'homme, il n'est plus question d'innocence, un tournant décisif se produit, car sa création signifie aussi le début de la connaissance et de la liberté, et dès lors la possibilité d'une séparation du bien et du mal, d'un refus radical de la transcendance qui prend pourtant tout son sens face à lui, et d'une destruction de la création. Le mouvement de retrait divin atteint alors son apogée puisque l'homme, créé à l'image de Dieu, détient désormais la *responsabilité* du sort du monde et, par-delà, de celui de la Divinité elle-même. Celle-ci ne peut plus agir, elle doit subir les conséquences inhérentes à son projet créateur, et elle assiste à l'histoire humaine sans la maîtriser, sans pouvoir la rédimer.

Le concept de Dieu qui se déduit de ce mythe comprend trois prédicats majeurs : la souffrance, le devenir et le souci. En effet, si l'acte créateur commence par le retrait de la Divinité et par son acceptation de dépendre de ses créatures afin d'atteindre sa plénitude, elle court inévitablement le risque de pâtir d'elles. Il faut dès lors renoncer au concept de Dieu comme pur acte, concept hérité de la philosophie aristotélicienne et censé définir la plus haute perfection, comme le pensa Maimonide par exemple, et ne pas hésiter à attribuer à Dieu une certaine *passivité* puisqu'il est affecté par la vie de ses créatures. Or, comme le remarque Hans Jonas, l'idée d'une souffrance divine n'est pas propre au christianisme ; dans la Bible déjà, Dieu pâtit de l'orgueil et du dédain des hommes, il éprouve leur violence comme un rejet de ses voies et « dans toutes leurs souffrances, il a souffert avec eux » (*Is*. 63.9). Étrangère à la prétention philosophique de purifier le langage biblique de tous ses anthropomorphismes au profit exclusif d'une clarté conceptuelle sans rapport avec les mots du texte, la Cabale fait d'ailleurs de la passivité un attribut divin par excellence. Elle n'hésite pas à évoquer la vie passionnelle de Dieu, ses souffrances et ses joies, sa sympathie pour tous ceux que la douleur éprouve, singulièrement pour les enfants d'Israël persécutés, sans perspective prochaine de salut, sur les routes de l'exil.

Refusant une théologie qui fait de Dieu l'Être suprême, impassible et éternel, Hans Jonas attribue le devenir à la Divinité et critique les philosophes juifs et chrétiens qui, sous prétexte de traduire l'héritage hébraïque dans les catégories grecques de l'ontologie, confondent Dieu avec un absolu immuable, car il leur semble impossible de penser qu'il est soumis aux aléas du devenir du monde. Ils interprètent ainsi la réponse de Dieu à Moïse : « Je serai qui Je serai » (*Ex.* 3.14), comme une affirmation d'être et, sans prêter davantage attention à la lettre hébraïque, ils traduisent : « Je suis l'Être invariable ». Là où Rachi lit dans ce verset la promesse de Dieu d'accompagner son peuple dans ses souffrances à venir, il faudrait, comme l'enseigne Maimonide, considérer ce verset comme une démonstration, dans le langage des simples, de l'Être nécessaire de Dieu.

L'effort de transposition conceptuelle de ce mythe implique enfin de penser un Dieu anxieux du sort de tout ce qui existe, mais qui, par l'acte de créer, s'est privé lui-même de la possibilité d'intervenir. Il ne ressemble pas à un sorcier prêt à agir lorsque le péril menace puisqu'il a remis cette tâche aux hommes et court lui-même le danger d'oubli, de mépris et de violence. Dès lors, contrairement à ce que l'appellation de Tout-Puissant laisse supposer, l'omnipotence n'appartient pas à ce Dieu, mais bien l'humilité et l'impuissance.

La rupture par excellence que Hans Jonas entend marquer avec la conceptualité de l'onto-théologie se situe là, dans cette nécessité de penser un Dieu sans puissance et dans l'exigence, si difficile et si troublante, de vivre dans cette conscience. Pour des raisons logiques tout d'abord, la terrible réalité du mal exige du théologien qu'il choisisse entre ces trois prérogatives classiquement attribuées à Dieu – la bonté, l'intelligibilité et la puissance. Or, selon Hans Jonas, la bonté et l'intelligibilité ne peuvent être ôtées du concept de Dieu sans inconséquence. La première lui est indissociable et la seconde, dans le cas du judaïsme en tout cas, se déduit de l'idée de Révélation. Le Dieu qui parle aux hommes dans la Bible ne ressemble pas en effet à la divinité bonne mais totalement inconnue et incompréhensible des gnostiques. La Révélation ne se produit certes pas dans une pleine lumière puisqu'il faut interpréter le clair-obscur de ses paroles afin de les entendre ; pourtant, l'orientation qu'elle donne fonde la pensée d'une ouverture significative du monde sur son au-delà et chasse l'idée d'absurdité. Reste la prérogative de puissance. Or la confrontation avec le mal qui détruit les innocents sans que Dieu les console et les secoure, malgré sa bonté et sa promesse d'être aux côtés des persécutés, demande d'y renoncer. Car si vraiment l'attribut de puissance appartenait à Dieu, il faudrait, en constatant le désastre de la *Choa*, lui ôter alors la bonté et affirmer son occultation radicale.

Ainsi, selon Hans Jonas, l'existence de Dieu ne se concilie avec la démesure du mal que s'Il n'est pas le Tout-Puissant vers lequel l'infortune et la faiblesse humaines crient au temps de la détresse. Cette impuissance divine peut se comprendre soit comme l'effet d'un choix, soit comme celui d'une nécessité. Les sages de la tradition hébraïque se réfèrent souvent à la première hypothèse et attribuent le mal à la liberté humaine. Pourtant, même dans ce cas, Dieu se réserve le droit d'intervenir devant l'excès du mal, comme Il le dit à propos de la perversité qui règne à Sodome : « Je veux y descendre ; je veux voir si, comme la plainte en est venue jusqu'à moi, ils se sont livrés aux derniers excès. » (*Gen.* 18.21). Or, durant la *Choa*, Il ne descendit pas vers ceux qui criaient pourtant vers Lui « du fonds de l'abîme » (*Ps.* 118.5), et il faut alors admettre qu'Il n'a rien *pu* faire. Après ce désastre, nul n'aurait désormais le droit d'évoquer la « main puissante » (*Ex.* 6.1) de Dieu sans trembler de sa propre indignité en songeant aux innombrables victimes qui périrent dans le silence divin, livrées sans défense à l'ignominie des bourreaux. Nul ne pourrait encore parler de la providence et de la justice divines alors que tant de morts innocents, vaincus par la brutalité la plus abjecte, interdisent de songer que Dieu veille sur le monde.

Le théologien qui désire sauver l'unicité et la bonté de Dieu doit donc admettre cette impuissance radicale, comme le suggère le mythe élaboré par l'auteur à la suite d'éminents cabalistes, tels R. Isaac Luria ou encore R. Haïm Luzatto qui, déjà, cherchèrent le secret du mal dans un drame survenu aux temps des origines. L'un et l'autre soutiennent en effet la thèse de la nécessité pour Dieu de s'autolimiter, de se contracter, de se retirer ou de retenir sa puissance, pour libérer un espace dans lequel le monde puisse prendre place et les hommes jouir de la liberté. Pourtant, comme Hans Jonas, ils soulignent aussi les conséquences terribles de cette limitation (*tsimtsoum*) : obscurité, silence et retrait de Dieu conditionneraient l'existence du monde mais, dans cette brèche, s'engouffreraient bientôt toutes les forces mauvaises. Trop souvent prêt à confondre cette limitation avec une pure et simple absence de Dieu, avec la tyrannie de l'absurdité, le cœur humain se dresserait bientôt, dans un orgueil effroyable, en rempart contre toute possibilité de laisser passer la lumière sur le monde et constituerait ainsi l'une des plus terribles de ces forces.

Néanmoins, la relation à la divinité ne disparaît pas dans cette analyse, mais c'est à l'homme de permettre à Dieu de se réjouir de sa décision de créer le monde. Le rôle des trente-six justes cachés réside là ; loin de toute gloire, ils maintiennent en effet le monde à l'être grâce à leur justice, à leur bonté et à leur constant souci des autres créatures. Leur sainteté, souvent méconnue et blessée, allège le poids des turpitudes humaines et redonne, parfois du moins, le goût de vivre et de sanctifier le Nom, même au bord du gouffre.

Tel est donc, selon Hans Jonas, le concept de Dieu qui survit au désastre de la *Choa*. Le philosophe dont l'œuvre tente de se mesurer au paradoxe de la modernité – une effarante puissance et la perte de tout statut métaphysique – en affronte, dans ce livre, une conséquence redoutable : Dieu peut-Il survivre dans la pensée alors que la puissance, autrefois considérée comme l'un de ces attributs nécessaires, est désormais accaparée par des hommes oublieux de tout horizon de transcendance, leur permettant de commettre l'irréparable ? Comme il l'écrit dans une étude sur l'apport du judaïsme à l'éthique [4], l'arrogance de la raison scientifique rend méprisable, aux yeux de beaucoup, l'ignorance passée mais elle occulte aussi la sagesse passée. La raison scientifique et technique se croit autorisée à régir l'intégralité de l'existence, mais son impiété, ou son manque d'humilité, laisse démuni quand il s'agit de réfléchir aux fins humaines. Or il faut, dit-il, qu'un renouveau d'attention envers la tradition, juive en l'occurrence, vienne « contrebalancer » la belle et terrible assurance de l'homme moderne, de cet homme, ivre de puissance et sourd à toute pensée d'une « signification transempirique et non démontrable des choses », car elle lui paraît relever d'un archaïsme dérisoire de l'humanité. Dès lors, dans sa morgue, il croit pouvoir aisément s'en passer et, méconnaissant son propre obscurantisme, il s'autorise aussi à persécuter ceux qui en jugent autrement.

La réflexion de Hans Jonas se désolidarise de telles prétentions, elle ne vise pas en effet à détruire la foi de l'homme crédule en lui rappelant le silence outrageant du Dieu de ses pères au temps de la *Choa*, elle envisage, avec angoisse, quel concept de la divinité survit au désastre et montre comment la sagesse juive, dans certains de ses courants traditionnels en tout cas, le corrobore. En effet, la Cabale mentionnée par l'auteur, mais aussi le Hassidisme, ont pensé, depuis longtemps déjà, cette idée d'un Dieu sans puissance. La première, avec surtout l'enseignement de R. Isaac Luria, médite les voies complexes d'une théosophie qui révèle comment Dieu dut *se retirer* d'un point de l'espace primordial pour que l'altérité des créatures advienne et comment sa présence dépend de l'étude de sa parole par Israël, mais aussi du culte et des bonnes actions. Comme si Dieu ne pouvait se tenir en proximité des hommes qu'à l'heure, toujours précaire, où ils lui ouvrent le chemin en dissipant les brumes que forment et reforment sans cesse les scories de l'être-pour-soi. Car tout dépendrait de « l'initiative des actions humaines En-Bas », l'homme disposant de « la liberté d'orienter sa propre personne et les mondes dans la direction qu'il désire »[5], Dieu ayant besoin des créatures pour s'associer au monde. Un des maîtres hassidiques, R. Schneour Zalman de Liady [6], estime qu'il ne faut pas parler de retrait mais de *voilement* de Dieu. Il ne s'est pas retiré du monde, soutient-il, Il reste là mais Il s'est revêtu d'habits afin que les créatures ne soient pas anéanties par l'éclat de sa lumière.

Quelle que soit l'interprétation qu'ils retiennent, retrait ou voilement, ces maîtres de la tradition juive disposent à penser l'impuissance de Dieu et sa dépendance envers l'homme. Mais qu'entendre exactement par ce vocable d'impuissance ? Implique-t-il également l'abandon de l'idée de providence divine ?

Selon certains maîtres du judaïsme [7], il faudrait, à ce propos, distinguer perspective divine et perspective humaine. Car, demandent-ils, l'évocation du retrait ou de la dissimulation de Dieu doit-elle se comprendre du point de vue de Dieu ou de celui de l'homme ? Le texte de Hans Jonas adopte, sans hésitation semble-t-il, la première hypothèse puisqu'il soutient que la divinité n'a plus la puissance réelle d'intervenir en ce monde et qu'elle ne peut en conséquence tenir sa promesse – « Alors tu pourras m'appeler au jour de la détresse, Je te tirerai du danger et tu M'honoreras » (*Ps.* 50.15). L'abandon des plus fidèles pendant la *Choa* en constituerait une terrible et irréfutable confirmation. Il y aurait indécence profonde, face à ce malheur, à introduire une distinction entre la perception de leur destin par les victimes et le point de vue divin. Les déportés ne connurent que l'escorte d'une noire misère et le secours de Dieu jamais ne vint parce que ce Dieu, précisément, ne peut rien pour les hommes. Tel est le verdict du philosophe.

Si la « puissance » de Dieu signifie son intrusion dans la visibilité des événements, sa capacité à fendre une mer ou à descendre d'une montagne comme aux temps bibliques, nul n'a en effet le droit de l'évoquer désormais. A moins d'admettre que, pour des raisons inconnues, la divinité préfère laisser les forces du mal s'emparer de sa création et poursuivre leur œuvre macabre sans qu'elle intervienne. Hans Jonas montre que cette attitude, proche des prémisses dualistes de la pensée gnostique, reste une tentation constante de la modernité, principalement dans ses courants existentialistes. L'homme « jeté dans le monde », sans guide transcendant, sans parole qui le précède et sans origine dans l'éternité, n'a d'autre choix alors que de se projeter librement dans l'avenir et d'oublier la divinité lointaine dont la transcendance radicale n'a aucun rapport avec lui et se confond bientôt avec une pure inexistence. Mais le nihilisme contemporain, et son désespoir ravageur malgré sa fierté, n'offriraient aucune possibilité de répondre à la cruauté et de secourir les vaincus[8].

Pourtant, objectera-t-on, ne constitue-t-il pas l'unique attitude intellectuelle concevable dans ce monde déserté par le divin ? D'ailleurs, quelle différence existe-t-il entre la pensée d'une transcendance sans puissance et l'affirmation de son inexistence ? Et quel sens donner aux modalités religieuses d'une vie – étude, prière et obéissance aux préceptes – si elles s'accomplissent face à un Dieu sans puissance ? Hans Jonas ne cherche-t-il pas vainement à sauver le concept de Dieu ?

L'attribut de puissance qui disparaît de cette théologie souffre cependant discussion. Il ressemble en effet à ce que l'homme, dans l'épreuve de sa propre impuissance et de la désertion du prochain, attend et espère d'une ultime altérité. Mais ce désespoir constitue-t-il la juste mesure d'une théologie ? Dieu n'est pas le Tout-Puissant dont la détresse humaine aurait tant besoin car, selon la tradition juive en tout cas, la puissance de « réparer » (*Tiqqun*) le monde revient désormais aux hommes, même si le cours de l'histoire atteste qu'ils ne l'entendent pas ainsi. Cependant, Dieu cesse-t-Il alors de se tenir près des hommes ? L'unique mode de sa proximité réside-t-il dans la puissance qui empêche l'horreur d'advenir ? Cette suggestion ne peut certes, sans aussitôt virer en immoralité radicale, être faite à celui qui souffre et qui éprouve l'abandon de Dieu, encore moins, bien sûr, doit-elle servir de prétexte pour soulager ceux qui détournent leur attention de toutes les vibrations du malheur qui advient à autrui. Son unique justification réside dans le témoignage de ceux qui, malgré leur trop visible abandon par une puissance secourable, évoquent pourtant un Dieu qui leur reste proche, proche dans son dénuement. La mémoire de ceux, juifs et non juifs, qui résistèrent spirituellement au désastre de la *Choa*[9], engage en effet à penser Dieu sans Le confondre avec un *Deus ex machina* qui défend le faible contre le fort. Elle demande de reconnaître que la situation du fidèle devant Lui diffère vraiment de celle d'un enfant face à un père qui, dans une supposée toute-puissance, ne cesserait de le protéger contre le mal, en l'empêchant d'ailleurs de risquer et de vivre. Comme si la foi exigeait de savoir affronter le monde et sa violence en renonçant à cette illusion néfaste, et en acceptant l'impuissance divine dans une création dont le sort repose sur les hommes. Comme si, enfin, cette impuissance ne s'identifiait à une pure et simple inexistence que dans l'esprit de ceux qui cherchent Dieu aux limites, toujours plus lointaines, de leur propre puissance, intellectuelle ou pratique, et non au cœur même de la vie.

Les maîtres de la tradition juive insistent sur l'idée d'un Dieu proche dans son dénuement. La capacité de bâtir le monde dépend de l'homme, disent-ils, la puissance d'attirer la lumière sur la création relève de ses pensées, de ses paroles et de ses actes, elles ne constituent pas des prérogatives divines. Pourtant, sauf à adopter les postulats gnostiques de réflexion, cela ne signifie pas l'éloignement radical de la divinité et son oubli du monde, mais l'accès à une pensée plus exigeante, plus adulte sans doute, quant à la modalité de sa présence parmi les hommes. Modalité qui, pour ces maîtres, passe par l'étude incessante de la Torah, par la prière et par le respect des préceptes, c'est-à-dire par la réponse de l'homme à une Parole qui le précède et l'appelle sans pouvoir le contraindre à lui accorder quelque attention. La proximité de Dieu aux hommes ne s'éprouve pas, selon ces maîtres, dans l'extase ou dans le miracle, mais dans l'inquiétude d'Israël pour la vulnérabilité de cette Parole confiée à sa garde. Car, en attendant un improbable miracle, même aux heures sombres d'une destinée individuelle ou collective, cette inquiétude, et elle seule, préserve la vie de l'intériorité humaine en tant qu'habitée par plus haut qu'elle et appelée ainsi à édifier un monde orienté par une transcendance. Or cette vie, indispensable si l'histoire doit cesser un jour de ressembler à une longue et cruelle tragédie, commence maintenant lorsque les hommes cessent de s'y fermer ou de la rejeter pour son insuffisance à changer rapidement le monde. L'indignation devant la souffrance innocente n'admet pas en effet la faiblesse d'une telle proximité divine, elle se révolte et exige que Dieu intervienne en donnant des preuves sensibles de sa providence. Mais cette indignation, évidemment compréhensible, a souvent oublié l'essentiel : les conséquences et les résonances, parfois belles, souvent crépusculaires, du comportement de chaque homme appelé par la divinité à lui répondre dans la création. En effet, le Dieu qui, selon la tradition cabaliste surtout, est avec les hommes ne ressemble pas à une puissance qui maîtrise le cours des choses. Ce Dieu leur a dit qu'ils doivent apprendre à vivre sans cette hypothèse rassurante mais infantile, tout en leur promettant qu'ils peuvent Le rencontrer, dès maintenant, quand ils consentent à entendre Sa parole comme à eux adressée et à Lui répondre, avec cette difficulté, insurmontable pour beaucoup, que seule la réponse permet d'entendre l'appel.

A la suite de cette tradition, Hans Jonas se désolidarise de toute vision misérable de l'homme. Celui-ci ne ressemble pas, dit-il, à une créature impuissante qui, sans grâce, ne sait qu'errer dans la faute et l'aveuglement en méconnaissant, par orgueil et par vanité, l'idée qu'il doit tout attendre d'un Sauveur. Dans un autre commentaire du mythe proposé dans le présent livre, commentaire qui s'efforce surtout de réfléchir au concept de l'homme – et non plus de Dieu – qui s'en déduit, le philosophe retrouve en effet la pensée de ces maîtres [10]. Comme eux, il insiste sur l'impact considérable des actes et, plus généralement, de la façon de conduire sa vie, fût-ce dans les menues choses, car « notre responsabilité ne se laisse pas simplement définir en termes mondains qui, souvent, dispensent de prendre la mesure réelle de ses dimensions ». Elle va bien au-delà des limites du savoir et du vouloir puisque le moindre comportement humain résonne, par-delà sa facticité, sur le monde certes mais aussi sur Dieu. L'homme a été créé *pour* l'image de Dieu, il peut détruire ou construire, nourrir ou affamer la divinité, dit Hans Jonas, il peut perfectionner ou avilir une image. La divinité a renoncé à sa puissance pour lui, elle lui a tout donné, « maintenant c'est au tour de l'homme de lui donner ». L'immortalité des actes réside là : même s'il s'en défend, ce que fait ou ne fait pas un homme, ce qu'il dit ou ce qu'il s'abstient de dire, ce qu'il pense ou ce qu'il refuse de penser, ne s'efface jamais. Cette immortalité inscrite au cœur même du plus éphémère – un mot au goût de sel sur les lèvres, une promesse résiliée qui meurtrit la confiance de l'ami, ou encore le geste inconsidéré qui provoque un irréparable malheur – devrait éveiller chacun au sens de son extrême responsabilité, une responsabilité qui, pour le philosophe, n'a de sens que vis-à-vis de ce qui, soumis à l'incertain, demeure fragile et menacé.

Dans *Le Principe responsabilité* [11], cette thèse suppose une prise de conscience du péril que, dans le vertige d'une puissance assimilée à une fin en soi, l'homme fait courir à la nature et à la possibilité même de survie des générations issues de lui. La « sollicitude pour les choses extra-humaines » que le concept de « bien humain » doit intégrer porte essentiellement sur la revendication d'être de ce qui ne peut élever de protestation – la nature – ou de ce qui n'est pas encore – les enfants à naître. Mais le philosophe évoque aussi « le droit du Dieu créateur à l'égard de Ses créatures, auxquelles fut confiée la continuité de Son œuvre, en même temps que le don de l'existence », un droit que, comme toute existence vulnérable, ce Dieu n'a pas la puissance de défendre. Or, précisément dans ce cas, parce qu'il fait face à la faiblesse, l'homme doit savoir que sa responsabilité est la plus grande. Généralement, les philosophes considèrent l'absolu – Dieu, le bien – comme l'impérissable auquel les hommes désirent participer, afin d'échapper à la fuite des choses et à la souffrance, mais, insiste Hans Jonas, « l'objet de la responsabilité est le périssable en tant que périssable » et la responsabilité pour l'image de la divinité n'échappe pas à cette règle. La question qui hante l'homme responsable – qu'arrivera-t-il à cette existence si je ne me soucie pas d'elle ? – se pose donc aussi pour cette image.

La puissance fascine souvent les hommes, ils se laissent séduire par le culte de la force et de sa splendeur, et il arriva que d'éminents philosophes ne trouvent rien à y redire [12]. A cette fascination qui a rendu possible la *Choa* et tant d'autres désastres où les vies fragiles expirent sans secours, Hans Jonas oppose la responsabilité infinie pour la faiblesse des existences à la merci de la tyrannie que s'autorise la puissance lorsqu'elle ne se subordonne à aucune exigence morale. Or, assure-t-il, parmi ces existences, il faut aussi compter celle d'un Dieu dont l'unique puissance réside dans la prière qu'Il ne cesse d'adresser à chacun : qu'il veille sur son frère et qu'il prenne soin de son image dans la création.

Aux enfants disparus dans les camps, sans avoir eu le temps de « s'inscrire dans le Livre de la vie par des actes, bons ou mauvais, grands ou modestes, parce que l'existence leur fut arrachée avant qu'ils en aient eu la possibilité », nulle autre chance ne sera offerte. La lumière qu'ils promettaient au monde ne brillera pas, leurs mains ne chercheront plus jamais les nôtres et, selon le philosophe, même leurs noms et leurs souffrances tomberont un jour dans l'oubli. Pourtant, malgré la profonde amertume de ce constat, ou à cause d'elle, il confie qu'il « aime à croire qu'un cri répondit à leur détresse » et à ce tort irréparable commis envers l'image de Dieu. Citant le verset biblique, « la voix des sangs de ton frère s'élève jusqu'à moi » (*Gen.* 4.10), il se demande en effet s'il ne faut « pas croire que l'immense chœur de ces cris qui se sont élevés pendant notre vie soit désormais suspendu au-dessus du monde comme un nuage noir et accusateur ? Et si l'éternité ne nous regarde pas tristement, en étant elle-même blessée et atteinte en son tréfonds » [13]. Cela ne signifie pas résignation au malheur, désespérance et perte de toute foi religieuse, mais certitude que nulle philosophie ne vaut désormais attention si elle se construit en tournant le dos à cette agonie et en voulant faire accréditer l'idée de réconciliation et de réparation. Le principe responsabilité qui, selon Hans Jonas, répond à cette douleur se désolidarise en effet de toute thèse réconciliatrice, il affirme simplement qu'il faut vivre et penser avec la certitude de la proximité toujours là du mal et exiger de soi ce qui permet de l'empêcher, non de faire semblant de le réparer lorsqu'il se fait tard et que la plainte a cessé.

Or si la philosophie doit renoncer à penser une soi-disant réconciliation, la foi doit aussi procéder à une remise en cause, elle doit surtout abandonner l'idée trop facilement admise d'un Dieu tout-puissant. Mais si cette révision théologique, déchirante pour la naïveté comme pour l'audace spéculative, implique de renoncer à un certain concept de Dieu, elle ne ratifie pas pour autant les propositions dogmatiques de l'athéisme. Elle demande en effet de s'ouvrir à la pensée, impossible quand toute journée finit sur l'orgueil, d'un Dieu qui se tourne vers l'homme, dans une proximité irréductible à toute gloire, et qui ne cesse de lui parler de sa responsabilité envers chaque existence. Car, après que le vent a dispersé les cendres des millions de personnes irremplaçables disparues dans les camps, sans que l'ange arrête cette démence, ce qui reste de foi aux hommes ne peut, sans courir le péril de l'idéologie, se raidir sur des certitudes inébranlables et tragiques. Elle ne doit pas chercher à revêtir la nudité effroyable des corps martyrisés par des propositions trop vite sereines mais, en se souvenant de ceux qui restèrent fidèles jusqu'à l'ultime, se demander si la Promesse n'exige pas d'elle plus qu'elle ne consent à lui donner.

NOTES

1. En français, *La Religion gnostique,* trad. L. Evrard, Paris, Flammarion, 1978.

2. E. Lévinas, « La Souffrance inutile » in *Entre nous,* Paris, Grasset, 1991, p. 116.

3. Voir *La Religion gnostique,* p. 55.

4. « Contemporary problems in ethics from a jewish perspective » in *Judaism and Ethics* (ouvrage collectif), New York, Ktav Publishing, 1970, p. 44.

5. R. Haïm de Volozin, *Nefesh haHaïm* (L'Ame de la vie), trad. B. Gross, Lagrasse, Verdier, 1986, p. 26.

6. *Likutei amarim, Tanya,* New York, Kehot publications society, 1981, p. 314 (hébreu-anglais). Et Y. Jacobson, *La Pensée hassidique,* trad. C. Chalier, Paris, Éd. du Cerf, 1989, p. 37 et suivantes.

7. Voir, R. Haïm de Volozin, *op. cit.,* pp. 124-125.

8. Voir Hans Jonas, *La Religion gnostique, op.cit.*, pp. 417-442.

9. Voir *Célébrations dans la tourmente,* trad. E. Rozen et J. Aronowicz, Lagrasse, Verdier, 1993.

10. Hans Jonas, *The Phenomenon of life. Towards a philosophical biology,* New York, Harper and Row Publishers, 1966, chapitre 11. Les citations qui suivent se trouvent aux pages 278, 279 et 280.

11. Hans Jonas, *Le Principe responsabilité*, trad. J. Greisch, Paris, Éd. du Cerf, 1990. Les citations se trouvent aux pages 27, 65 et 126.

12. Voir la critique sévère de M. Heidegger par Hans Jonas in « Contemporary problems in ethics », *art. cit.*, p. 31 et *The Phenomenon of life, op. cit.*, chapitre 10.

13. *The Phenomenon of life, op. cit.*, p. 280.

Table

Rivages poche /Petite Bibliothèque
Collection dirigée par Lidia Breda

L'Art de ne croire en rien (n° 392)
Sefer Yesirah ou Le livre de la Création (n° 387)

Giorgio Agamben	*Stanze* (n° 257)
	Moyens sans fins (n° 380)
	Ce qui reste d'Auschwitz (n° 390)
	L'Ombre de l'amour (n° 434)
	Le Temps qui reste (n° 466)
	L'Ouvert (n° 533)
	Profanations (n° 549)
Günther Anders	*Nous, fils d'Eichmann* (n° 426)
R. Appignanesi	*Freud* (n° 539)
Apulée	*Le Démon de Socrate* (n° 110)
	Amour et psyché (n° 542)
Hannah Arendt	*Considérations morales* (n° 181)
	Le Concept d'amour chez Augustin (n° 288)
	Qu'est-ce que la philosophie de l'existence ? (n° 400)
L'Arétin	*Sonnets luxurieux* (n° 192)
Aristote	*L'Homme de génie et la Mélancolie* (n° 39)
	Rhétorique-Des passions (n° 40)
	Éthique à Eudème (n° 129)
	La Vérité des songes (n° 162)
W. H. Auden	*Shorts* (n° 407)
	Horae Canonicae (n° 523)
Marc Augé	*L'Impossible Voyage* (n° 214)
	Les Formes de l'oubli (n° 333)
Augustin	*La Vie heureuse* (n° 261)
	Le Bonheur conjugal (n° 347)
Francis Bacon	*Sur le prolongement de la vie et les moyens de mourir* (n° 401)
Barbey d'Aurevilly	*Du dandysme et de George Brummell* (n° 233)
Bruce Benderson	*Pour un nouvel art dégénéré* (n° 259)
	Sexe et solitude (n° 335)
Walter Benjamin	*Je déballe ma bibliothèque* (n° 320)
Léon Bloy	*Exégèse des lieux communs* (n° 501)
Boèce	*Consolation de la Philosophie* (n° 58)
Marie Bonaparte	*Topsy, les raisons d'un amour* (n° 456)
Bossuet	*Sermon sur les anges gardiens* (n° 516)

Georg Büchner *Lenz* (n° 244)
Buffon *Discours sur la nature des animaux* (n° 424)
Casanova *Mon apprentissage à Paris* (n° 252)
Michel Cassé *Théories du ciel* (n° 504)
Anne Cauquelin *Petit traité du jardin ordinaire* (n° 499)
Patrizia Cavalli *Toujours ouvert théâtre* (n° 379)
Claude Chabrol - François Guérif
Comment faire un film (n° 462)
Catherine Chalier *De l'intranquillité de l'âme* (n° 495)
Mme de Charriere *Lettres de Lausanne* (n° 541)
Mme du Châtelet *Discours sur le bonheur* (n° 221)
Malek Chebel *Du désir* (n° 414)
Chesterfield *Lettres à son fils* (n° 99)
Christine de Suède *Maximes* (n° 200)
C. Von Clausewitz *De la guerre* (n° 530)
Claude Crébillon *Lettres de la Marquise de M****
*au Comte de R**** (n° 322)
Tullia d'Aragona *De l'infinité d'amour* (n° 210)
Charles Darwin *L'Expression des émotions*
chez l'homme et les animaux (n° 351)
Mme du Deffand *Lettres à Voltaire* (n° 139)
Erri De Luca *Un nuage comme tapis* (n° 176)
Rez-de-chaussée (n° 191)
Alzaia (n° 382)
Première heure (n° 441)
Alfred Döblin *Sur la musique* (n° 386)
John Donne *Méditations en temps de crise* (n° 365)
Poèmes sacrés et profanes (n° 532)
Dostoïevski *Carnets* (n° 511)
Le Bourgeois de Paris (n° 556)
Maître Eckhart *Du détachement* (n° 143)
Conseils spirituels (n° 408)
La Divine Consolation (n° 449)
Sermons allemands (n° 512)
Aphorismes et légendes (n° 551)
Umberto Eco - Cardinal Martini
Croire en quoi ? (n° 238)

Einstein / Freud	*Pourquoi la guerre ?* (n° 488)
R. W. Emerson	*La Confiance en soi* (n° 302)
Épictète	*Manuel* (n° 132)
Euripide - Sénèque	*Médée* (n° 211)
M. Fernandez	*Tout n'est pas veille lorsqu'on a les yeux ouverts* (n° 465)
Ennio Flaiano	*Journal des erreurs* (n° 275)
Charles Fourier	*Des harmonies polygames en amour* (n° 417)
Anatole France	*Le procurateur de Judée* (n° 496)
S. Freud - S. Zweig	*Correspondance* (n° 166)
H. G. Gadamer	*L'Héritage de l'Europe* (n° 429)
Francis Galton	*Petit manuel de survie* (n° 467)
A. Gnoli/F. Volpi	*Les LSD et les années psychédéliques* (n° 536)
Goethe	*Maximes et réflexions* (n° 343)
W. Gombrowicz	*Cours de philosophie en six heures un quart (*n° 171)
Baltasar Gracián	*L'Art de la prudence* (n° 116)
Heinrich Heine	*Idées. Le Livre de Le Grand* (n° 437)
Hésiode	*Théogonie- La naissance des dieux* (n° 83)
James Hillman	*Le mythe de la psychanalyse* (n° 554)
Hippocrate	*Sur le rire et la folie* (n° 49)
	Airs, eaux, lieux (n° 174)
H. von Hofmannsthal	*Lettre de Lord Chandos* (n° 312)
	Chemins et rencontres (n° 396)
	Lettres à Rilke (1902-1925) (n° 459)
	Les mots ne sont pas de ce monde (n° 494)
F. Hölderlin	*Poèmes* (1806-1843) (n° 352)
	Hymnes (n° 482)
Homère	*Figures de l'amour* (n° 552)
Jane Hope	*Bouddha* (n° 540)
Horace	*Vivre à la campagne* (n° 344)
Jahiz	*Éphèbes et courtisanes* (n° 231)
Jean	*Apocalypse* (n° 165)
	Évangile (n° 321)
Jean Chrysostome	*De l'incompréhensibilité de Dieu* (n° 317)
Jean Paul	*Être là dans l'existence* (n° 239)

Hans Jonas	*Le Concept de Dieu après Auschwitz* (n° 123)
	Le Droit de mourir (n° 196)
	Pour une éthique du futur (n° 235)
	Évolution et liberté (n° 486)
Franz Kafka	*Réflexions sur le péché, la souffrance, l'espérance et le vrai chemin* (n° 334)
Kant	*Sur la différence des deux sexes* (n° 527)
Stephen Karcher	*Yi king* (n° 247)
S. Kierkegaard	*Johannes Climacus ou Il faut douter de tout* (n° 223)
	Crainte et tremblement (n° 291)
	La Répétition (n° 413)
	Dialectique de la communication (n° 470)
P. Klossowski	*La Monnaie vivante* (n° 230)
Karl Kraus	*La Littérature démolie* (n° 92)
	Cette grande époque (n° 294)
Mme de Lambert	*De l'amitié* (n° 268)
J. O. de La Mettrie	*L'Homme plus que machine* (n° 442)
François de La Rochefoucauld	*Maximes et mémoires* (n° 345)
D. H. Lawrence	*Lettres choisies* (n° 547)
S. J. Lec	*Nouvelles pensées échevelées* (n° 306)
J. M. R. Lenz	*Cours philosophiques pour âmes sentimentales* (n° 325)
G. Leopardi	*Philosophie pratique* (n° 258)
E. Levinas	*Quelques réflexions sur la philosophie de l'hitlérisme* (n° 226)
	Éthique comme philosophie première (n° 254)
Liang / Xiangsui	*La Guerre hors limite* (n° 531)
G. C. Lichtenberg	*Pensées* (n° 283)
Lie Zi	*Du vide parfait* (n° 263)
Prince de Ligne	*Pensées, portraits et lettres* (n° 381)
Longin	*Du sublime* (n° 105)
Adolf Loos	*Ornement et crime* (n° 412)
Lucien	*Philosophes à vendre* (n° 72)
Georg Lukacs	*Journal 1910-1911* (n° 526)
A. Machado	*De l'essentielle hétérogénéité de l'être* (n° 391)
Claudio Magris	*Voyager* (n° 543)
Marc Aurèle	*À soi-même* (n° 440)
Gabriel Matzneff	*De la rupture* (n° 298)
F.-A. Paradis de Moncrif	*Essais sur la nécessité et sur les moyens de plaire* (n° 364)

Montaigne	*De la vanité* (n° 63)
	L'Art de conférer (n° 330)
Montesquieu	*Essai sur le goût* (n° 96)
Elsa Morante	*Petit manifeste des communistes* (n° 500)
André Morellet	*De la Conversation* (n° 169)
F. Nietzsche	*Dernières lettres* (n° 70)
	Ainsi parla Zarathoustra (n° 394)
D. Noguez	*Les Plaisirs de la vie* (n° 353)
	Comment rater complètement sa vie en onze leçons (n° 438)
Kakuzo Okakura	*Le Livre du thé* (n° 481)
Ortega y Gasset	*Le Spectateur* (n° 80)
	Études sur l'amour (n° 452)
Ovide	*Amours* (n° 202)
Martin Palmer	*Le Taoïsme* (n° 222)
Pascal	*Pensées sur la politique* (n° 75)
	L'Art de persuader (n° 330)
Fernando Pessoa	*Fragments d'un voyage immobile* (n° 42)
	Lettres à la fiancée (n° 43)
Pétrarque	*Mon secret* (n° 52)
	La Vie solitaire (n° 266)
	Contre la bonne et la mauvaise fortune (n° 360)
Enea Silvio Piccolomini (Pape Pie II)	
	Lettre à Mahomet II (n° 393)
Platon	*Le Banquet* (n° 493)
Plutarque	*Comment tirer profit de ses ennemis* (n° 103)
	Comment écouter (n° 150)
	La Sérénité intérieure (n° 336)
	Manger la chair (n° 395)
	Sur le bavardage (n° 538)
Karl R. Popper	*Des sources de la connaissance et de l'ignorance* (n° 241)
Félix Ravaisson	*De l'habitude* (n° 208)
Jacques-Antoine de Réveroni Saint-Cyr	
	Pauliska ou *La Perversité moderne* (n° 361)
R. M. Rilke	*Journal de Westerwede et de Paris,* 1902 (n° 409)
	Lettres de Paris (n° 514)
Lalla Romano	*J'ai rêvé de l'Hôpital* (n° 272)
Rosvita	*Résurrection de Drusiane et de Calimaque* (n° 378)

J.-J. Rousseau	*Émile et Sophie* (n° 127)
R. Sánchez Ferlosio	*Nous aurons encore de mauvais moments* (n° 287)
Pierre Sansot	*Du bon usage de la lenteur* (n° 313)
	Chemins aux vents (n° 388)
	La Beauté m'insupporte (n° 537)
Sappho	*Poèmes* (n° 478)
Fernando Savater	*Pour l'éducation* (n° 314)
K. G. Schelle	*L'Art de se promener* (n° 187)
Arthur Schnitzler	*Lettres aux amis* (n° 45)
	Relations et solitudes (n° 51)
	La Transparence impossible (n° 68)
G. Scholem	*Benjamin et son ange* (n° 158)
Schopenhauer	*Douleurs du monde* (n° 57)
	Essai sur le libre arbitre (n° 66)
	Contre la philosophie universitaire (n° 113)
C. M. Schulz	*La vie est un rêve, Charlie Brown* (n° 368)
	Lucy psychiatre (n° 369)
	Courage, Charlie Brown (n° 402)
	Il est temps de changer, Charlie Brown (n° 403)
	Il était une fois, Charlie Brown (n° 430)
	On va y arriver, Charlie Brown (n° 431)
	Peanuts (n° 446)
	C'est la vie, Charlie Brown (n° 471)
	Sauve qui peut, Charlie Brown (n° 472)
	Il ne faut pas faire ça, Charlie Brown (n° 484)
	Par une nuit noire et orageuse
	Te voilà, Charlie Brown (n° 505)
	Les amours des Peanuts (n° 506)
	As-Tu jamais pensé que Tu pouvais avoir tort ? (n° 524)
	Envole-toi, Charlie Brown (n° 525)
	Fais face, Charlie Brown (n° 550)
Amartya Sen	*La démocratie des autres* (n° 548)
Sénèque	*De la tranquillité de l'âme* (n° 48)
	De la brièveté de la vie (n° 53)
	Consolations (n° 60)
	Le Temps à soi (n° 457)
	De la clémence (n° 490)
Angelus Silesius	*Le Voyageur chérubinique* (n° 464)
Georg Simmel	*Philosophie de l'amour* (n° 55)
	La Tragédie de la culture (n° 86)
	Michel-Ange et Rodin (n° 180)

Peter Sloterdijk	*Dans le même bateau* (n° 420)
Natsumé Sôseki	*Mon individualisme* (n° 450)
Mme de Staël	*De l'influence des passions* (n° 299)
Stendhal	*Du rire* (n° 513)
Stoïciens (Les)	*Passions et vertus* (n° 445)
Leo Strauss	*Nihilisme et politique* (n° 460)
Sunzi – Sun Bin	*L'Art de la guerre* (n° 458)
Heinrich Suso	*Tel un aigle* (n° 487)
Italo Svevo	*Dernières cigarettes* (n° 311)
Jonathan Swift	*La Bataille des livres et autres essais* (n° 419)
Jacob Taubes	*En divergent accord* (n° 425)
Thérèse d'Avila	*Le Château intérieur* (n° 248)
Chantal Thomas	*Comment supporter sa liberté* (n° 297) *Sade, la dissertation et l'orgie* (n° 384) *Souffrir* (n° 522)
F. de Towarnicki	*Martin Heidegger* (n° 385)
Shmuel Trigano	*Le Temps de l'exil* (n° 515)
M. Tsvétaïéva	*Après la Russie* (n° 89)
Raoul Vaneigem	*Pour l'abolition de la société marchande-pour une société vivante* (n° 480)
Otto Weininger	*Livre de poche* et *Lettres à un ami* (n° 489)
J. Van de Wetering	*Un éclair d'éternité* (n° 278) *Le Miroir vide* (n° 310) *L'Après-zen* (n° 421)
Oscar Wilde	*La Vérité des masques* (n° 346)
Xénophon	*L'Économique* (n° 145)
J.-G. Ymbert	*L'Art de faire des dettes* (n° 193)
Yogīndu	*Lumière de l'Absolu* (n° 281)
Federico Zeri	*Renaissance et pseudo-Renaissance* (n° 356) *Le Mythe visuel de l'Italie* (n° 357)
Stefan Zweig / Arthur Schnitzler	*Correspondance* (n° 348)

Achevé d'imprimer sur rotative par l'Imprimerie Darantiere à Dijon-Quetigny
en mars 2008 - Dépôt légal : mars 1994 - N° d'impression : 28-0443

Imprimé en France